重塑自己的力量

喚醒你的正面能量

卡羅 · 海渥特 / 琳達 ◎ 合著

出版以來幫助 1000 萬人 重塑自己創新價值

前言

——我們聽慣了成功的故事，那是我們不會聽故事，
因為失敗的故事，才是故事中的故事……

本書首先介紹兩個失敗的真實故事。那是幾年前的事了，那時兩個當事人都自鳴得意地以為自己「所向披靡」。

卡羅・海渥特是一家市場調查公司出色的經理人，並且是《女性銷售策略》及《女性與工作》的作者。她鋒芒畢露，自信能駕馭自己的生活，作夢也沒想到——在她一帆風順的生活道路上，會遇到什麼障礙。

一九八三年的一天，卡羅的同事五十多歲的姬絲說她胸口疼痛，卡羅立即打電話給她當醫生的丈夫，並將她送進醫院。卡羅如釋重負，心想自己的果斷處理可是救了一條人命。她的鎮定自若通常以成功告終。那天晚上，姬絲的胸口又疼了起來，不久就死了，卡羅的世界崩潰了。

姬絲的死，使我對自己所作的每一個假定都產生了動搖。我本來很有自制力，然而這件事，卻是我無法控制的。我感到心力交瘁，力不從心。我非常想念她。

姬絲死後，我才意識到自己是多麼的依賴她！我感到從未有過的孤獨。在我們的工作中，我和她常持有異議，我忽然意識到，正是這種創造性的異議，推動著我們的工作不斷向前發展。

我曾經有過一個向我挑戰的「貴族」，現在卻只有會執行命令的雇員。

我一直認為姬絲的存在是理所當然的，可是，沒有她穩健的步伐，我就好像衝不起來。如果沒有這位同事就不能獨立工作，那麼我一定是個不完善的人，一個失敗者。

卡羅於是賣掉了公司，她得到一筆可觀的數字，朋友們都祝賀她成功，可是對她自己來說，這代表徹底的失敗。

我沒有對任何人談起自己的感覺。我確信唯有自己經歷了這一切。在雞尾酒宴上，人們問我做什麼工作。起初幾次，我只是含混過去了，後來才開始說：「我在餐館裡做事。」我覺得顏面盡失。

卡羅・海渥特在市調公司工作的那陣子——琳達是一家電影公司的第一副總裁。她同總裁一起創立了這家公司，他們共事了二十年，這些年來，她為公司出了很多力，並且成果輝煌。她一向對自己的能力確信不疑，直到有一天——她被解雇了。

宛如一場美滿的婚姻破滅了。我充沛的精力、雄辯的口才、不屈不撓的精神，曾一度受到老板的青睞，現在卻變得令人難以忍受。事實上是生意遇到了麻煩，使他陷入困境，他決定「改變一切」。

可是我為什麼不主動提出辭職，我至今也不明白。一切跡象都預示著即將發生的事，我都看在眼裡，可是，骨子裡卻仍然堅信他不會辭退我，我們畢竟在一起工作了二十年，我們白手起家一起創建了公司。我將自己的一生都維繫在它身上，一旦分離，賴以生存的智慧使無力抵擋痛苦了。我這個永遠名列前茅、從不跌倒的幸運兒，竟然被解雇了。

羞愧，孤獨，恐懼折磨著琳達。好友卡羅勸她要有耐心。她發現，一個失敗者得經歷幾個階段。「可是——我怎麼才能不恐慌？」琳達想知道。

卡羅提議一起去吃個中飯，琳達盡量不去想該誰付錢。

飯桌上，卡羅問了琳達一個簡單的問題：「妳害怕什麼？妳最怕什麼？」

要回答這個問題可不容易，因為恐慌是那麼不可名狀、漫無邊際。

琳達想了一會兒：「我害怕沒錢。」她回答。「我一直為掙得一份高薪而驕傲，對於它經濟上的作用，我甚至想都沒想過。」

卡羅自己對這種恐懼深有體會，立即提出了一個行之有效的建議：「回去問問妳的會計師——假定妳一年內一分錢也不掙，請他告訴妳這對妳將意味著什麼？妳是否得賣掉房子？得讓孩子退學？得借錢？或者只需縮減一下開支，改變一下生活方式？」

「妳還害怕什麼？」卡羅追問。

「怕別人說我——」琳達承認：「怕他們嘲笑我。」

她們喝著日本茶，卡羅開導著琳達，讓她將人們可能說她的話都大聲地說出來，什麼也不隱藏：誹謗、諷刺、惡意中傷……不知怎麼搞的，這些話迴蕩在日式茶館裡，頃刻間，便化為烏有了。

「如今妳已聽見了這一切，」卡羅問：「妳能忍受嗎？」

琳達平靜地注視看她：「能。」

那一次，有兩件事觸動了我們心的深處。

首先，我們感到失敗使我們彼此之間，產生了深深的隔閡。我們各自藏起痛苦，將一張毫不在乎的臉，呈現給世人。然而，一旦發現彼此的經歷相似時，我們便緊緊地擁抱在一起，彷彿退伍的老兵重逢一般。面對失敗，我們不必再孤軍奮鬥了。

其次，我們意識到，對於我們來說，沒有任何指南可詢。告訴你如何成功的書，比比皆是，可是失敗呢？從來就沒有人教我們該如何面對失敗。

於是，我們開始了對失敗領域的探索。我們的工作看似簡單，其實都經歷了痛苦的自省、清理和發展。我們請求別人向我們訴說些他們自己的經歷。我們驚奇地發現，失敗者大有人在，各人都以為自己是世上唯一不幸的人，而且都從未對別人談起過。

我們開始問自己：在這個社會中，失敗意味著什麼？是否有失敗的解析？每個人是否都得經過固定的幾個階段？失敗對於男人和女人是否有所差別？為什麼失敗對有些人來說是致命的打擊，對有些人卻是進一步發展的另一個重要階段？「失敗」這一現象，是否對人生有益？

我們得把研究對象限制在一定的範圍內。首先我們決定只研究事業上的失敗，排除離婚、友誼破裂等。我們的研究對象既包括琳達這種遭受表面失敗的人——被辭退，得不到提升——也包括卡羅這種因為不能如願以償，而給自己貼上失敗標簽的人。

之後，我們決定將焦點集中在中產階級或中上階級身上，他們受過良好教育，工作能力佳。這樣做有幾個原因：最愛冒險的人最易失敗，而我們認為那些冒險家都是些已經躋身於中上階級的人。而且，我們的對象是那些經過辛勤勞動而成功的人，他們決不是那些從來就擁有權力和財富的傢伙。

另一方面，我們也不想涉及那些根本不可能改變自己處境的人。換句話說，我們選擇了那些擁有選擇機會的人。問題是他們失敗後是否能利用這些機會。

我們總共採訪了一百七十六個各界人士，採訪的對象年齡最小21歲，最大84歲。我們還和精神病學、心理學、社會學等各領域的專家進行了訪談。

調查開始不久，我們就發現了一個令人震驚的事實：我們談話的每一個對象，不管如今如何春風得意，過去都經歷過不小的打擊。我們選擇了一些名人為例，你也許認為名人和普通人的感受不一樣，其實在那些情緒騷動不安的時刻，每個人的感受都相差無幾，在不只一次的採訪過程中，我們認識到了這一點。不同的只是——各人克服波動期的方式及時間的長短。

你也許會奇怪，人們怎麼願意和我們談論這一切？是的，那些仍在掙扎中的人們不願談，其他人則坦率地承認自己害怕與「失敗」這個字眼有所瓜葛。不過大多數的「倖存者」都坦誠豁達，他們感到自己獲得了心願與大家分享的智慧。

某天，一個朋友打電話來說，那是著名製片人大衛‧布朗，他聽說我們在寫一本「關於失敗」的書後，準備接受採訪。我們深知此人善良、謙遜，極少拋頭露面。這一「要求」非常出乎意料，驚喜之餘，我們立即採訪了他。

「大衛，」我們說：「據我們所知，你的事業一帆風順。」

他默默地笑了笑：「你們知道嗎，我曾四次被解雇？你們知道我搞砸了幾部影片嗎？其實，」他接著說：「我自認是個失敗專家，我認為對別人談談我的見解，是非常重要的。」

人們同意我們重現他們的喜樂與滄桑，為此我們深受感動，因為和一個人談論他的成功與失敗，等於與他共享了他最親切的內心世界。

此書代表了我倆的一次親身歷險。我們自信深知什麼是成功與失敗，並以此作為探索的開端。我們生來就不同凡響，所以極少考慮自己是如何達到這一程度的。傾聽他人的訴說，進入他人的生活，使我們的假定產生了動搖。我們受益匪淺，希望你們也能感同身受。

前言／003

第1部 失敗的本質是什麼？

第1章 最後的禁忌／016
第2章 來看看失敗的真面目／037
第3章 失敗的漣漪效應／061
第4章 「失敗」對男女有別／095

第2部 如何重新塑造自己？

第5章 失敗的主要原因／112
第6章 重新解釋你的故事／138

第7章 重新給自己貼上標籤／161
第8章 擴大選擇範圍；掙脫羈絆／171
第9章 過渡時期的步驟／185
第10章 從失敗走向成功／202

第3部 重新認識「成功」的定義？

第11章 精神之旅／217
第12章 改變衡量標準／227
第13章 學習者／234

第一部

失敗的本質是什麼？

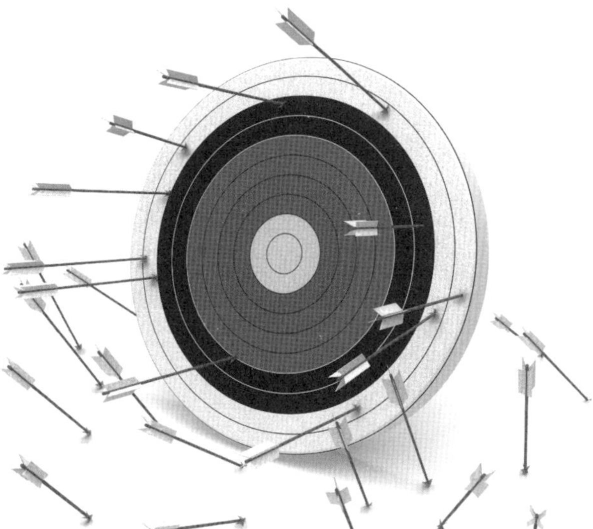

——也許你已經又失敗了。

如果沒有，你也必將面臨失敗。

- 你上初中三年級時，考試有過不及格嗎？
- 你是否沒能進入理想的大學？
- 你是否沒能得到一份理想的工作？
- 你常常失業了嗎？
- 你事業的進步，是否如你所願？
- 雖然別人把你看成是成功者；而你是否自認為是失敗者呢？

對於這些問題，幾乎沒有人能全盤否定。失敗是人生經歷的一部分。事實上，我們都是失敗者，或者終將成為一個失敗者。

因為冒險中蘊藏著失敗，對成功的追求也蘊藏著失敗。要不失敗，除非永不冒險，永不追求。挖掘出自身最大的潛能，人性才能得到充分施展，而這些工作則是時時刻刻都有失敗的可能。

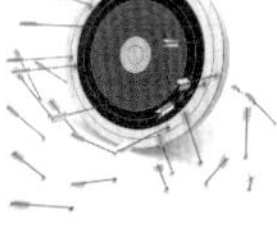

失敗是最民主的俱樂部，它的會員不論年齡、膚色、財富、地位。他們唯一的共同點是各自保持祕密身分。想像一下：在失敗俱樂部裡的情形——成千個房間裡擁擠著成千上萬個會員——每個人都低頭盯著自己的腳尖。

在這個外遇離婚、癌症、淫穢、衝頭暴力、亂倫紛紛出籠的世界裡，失敗這個最普遍的人生經驗依然是一項禁忌。現在是消除這一禁忌的時候了。

其實，對許多人來說，失敗使人重新評估自己的生活，從而整裝上陣。失敗意味著一定的損失，但同時也意味著獲得——智慧。

I・最後的禁忌

1・什麼是失敗？

失敗是對某事件的評斷，如此而已！

然而，人們一般所理解的卻不盡然……

以「失業」為例，大多數人把它看成是失敗，其實這不過是一個事件罷了。如果你本來就討厭這個工作，失業未嘗不是件好事，只有當你斷定它是失敗的時候，失業才會變成失敗。

此書中，我們從兩個意義上來理解「失敗」一詞：

1・指的是有所損失或事業不成功的這類事件。

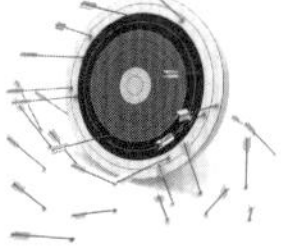

2．指的是對自己的評斷——之所以「失敗」，指的是不能如願以償。

前一種失敗是暴露在外的，後一種都是潛在的。這種潛在的「失敗」，是一種關於失望的內心對話，也就是你自認為自己是個失敗者。

失敗的形式不一，但都包含了一種損失感。

損失大致有三種：

1．自尊的損失。

2．金錢的損失。

3．社會地位的損失。

例如，在職場被解雇了，就同時包含了這三種損失。失敗程度的深淺，要看這項損失包含，到底了幾種損失。

讓我們來見幾個人，他們所經歷的失敗是最常見的。

2・被解雇的——約翰・卡斯特

「被解雇」也許是最痛苦的失敗形式。

約翰是個英俊、健壯的義大利人，一對漂亮的黑眼珠深不可測。他獲得了有機化學的博士學位，並在常春藤醫學院當了十年的研究員。

他出身於勞工階級，當木匠的父親為有一個在大學教書的兒子感到無比驕傲。

獲得醫學院這份工作時，約翰似乎明白了他未來即將要走的路。他並不喜愛這份工作——有多少個輾轉難眠的夜晚，他為自己這份單調、枯燥的工作感到深深的苦悶。

然而，是這份工作給了他尊嚴，給了他生活的支點，也給了他一筆小小的收入。正如約翰自己所說，這筆收入連同他妻子的薪資，能使他們和兩個孩子，「飽飽地吃上一日三餐，還可以幫他們買些玩具。」

38歲那年，協助他研究工作的導師走了，他如往常一樣提交了申請。然而，沒有導師做為後盾，這次申請被退了下來，他被解雇了。

我感到似乎死到臨頭了，我毫無積蓄，沒有準備救急的錢，我害怕極了。我是個搞研究的，雖然並不喜歡這份工作，但我只會做這個。我害怕把這消息告訴妻子。我走了三哩路，來到失業中心辦公室，站在門外，不敢進去。

約翰終究還是進去了，為了找到一份大學裡的工作，他發出了將近五十封的應徵信函，卻始終得不到回音，這使得他日漸消沈。

一個偶然的機會，鄰居想找一個粉刷房子的人，他便換上工作服，操起了刷子。接著又有人請他去裝臥室的鑲板。

小時候，他父親常說：「等你長大了，要靠動腦子謀生，而不是動手。」每當想起這句話，他都只能報以淒楚的笑容。

我學了這麼多年化學，通過層層答辯，終於獲得了博士學位。我作夢也沒想到，到頭來還是得幹一般的體力活兒。

約翰最終還是回到了勞工階級，結束了單調的枯燥工作。

要知道，這並不壞，我掙的錢跟在大學裡差不多，要是碰到下雨天，掙得還要多。我準備以後自己開房屋裝修公司。

像約翰這樣從大學到工地的人並不多，但一般美國人一生中至少要換三次職業，從這個意義上來說，情形也是相似的。

有時候，被解雇反而會督促你重振旗鼓。

3．失敗的企業家——蒙娜

樂觀精神是企業家應具備的特質之一，而樂觀主義則是排斥失敗可能性的要素之一。與失業工人不同的是，失敗的企業家常感到他們是自作自受，這又多了一層痛苦。

蒙娜的生活充滿了驚人之舉，事業的失敗也不例外。她具有非凡的美貌。芝加哥稅務代理人在奧斯本滑雪山坡上初見她時，便頓時為之傾倒。他很快發現這女孩除了漂亮之外還極聰慧，且無所畏懼，遇事鎮定，幹不動產準能一舉成功。他於是起用了她。

在芝加哥市中心，蒙娜小小的辦公室很快便被譽為「不動產的羅賓漢」。她正直誠實，而且能吸引小人物投資，因而得名。

蒙娜快三十歲時，已經營了二千套公寓和亞利桑納、內布拉斯及加利福尼亞的一些主要建築，並大大擴充了權力範圍，那個在奧斯本山坡上發現她的代理人，已不能控制她的工作和生活。在這段時期內，她如此描述著她自己：

> 我野心勃勃，全神貫注，從清晨七點工作到深夜兩點。我的目標是三十五歲時掙到一千萬美元現金。

當時她每年收入已是五十多萬，成功大有希望。一群歐洲投資者想找一位誠實能幹的合作者。蒙娜的會計師知道，她就是合適的人選，而且又長得漂亮。

> 這筆生意很誘人，都是些聞名世界的有錢人，他們選中了我。我還拿不準如何處理這件事，可是我要向全世界表明，身為女人，我也能做大生意，我身上具有這種素質。我還認為自己與眾不同，憑著正直和社會責任感能幹出不同凡響的事來。

> 我個性很強。

這項工程規模浩大，蒙娜的技術經驗遠遠不足。形形色色的問題很快就暴露出來，蒙娜發現預計的借款額遠遠不夠。

> 我開始有些害怕起來，不過市場情況仍然很不錯，我也沒時間想得太多。我需要的只是銀行能提供更多的錢。

然而，銀行拒絕了。蒙娜記得那是個星期四，一切都完了。她和歐洲合夥人和貸款經辦人圍坐在桌前，她「口若懸河，機敏，得意，性感。」貸款經辦人和善可親，然而態度明確：要獲得貸款，她必須在銀行裡存入兩百萬美元。然而蒙娜沒有現金。

之後，歐洲人帶她去一家豪華的餐廳吃飯，可是她什麼也吃不下。

歐洲人吃著甜點——對他們來說，這只是餐後理所當然的一道流程；蒙娜喝著飲料，奮力搏擊著痛苦。「我明白一切都完了，十年的辛苦付之一炬，美夢成了泡影。」

蒙娜的敗落正如她的崛起：突然，徹底，令人目眩。

蒙娜的故事並非就此結束，她在以後的章節中還會東山再起。關鍵是她爆炸性的失敗，在企業家中極具典型意義。

如果像蒙娜這樣懼怕失敗的話，美國的經濟實力就不會像今天這樣強大了。

4．潛在的失敗——麗絲夫人

「我時常想，」麗絲說：「如果我要寫自傳，題目一定是《失敗者的自傳》。」

此話出自一個美國最傑出的女人口中，實在令人吃驚、麗絲夫人是位多產作家，兩次當選國會議員，並且曾是駐義大利的大使。當時，八十四歲的她，風采仍不減當年，她那犀利的眼光，機智的語言，曾促成了著名劇作《女人》的誕生，如今她用同樣的犀利與機智來評價自己：

失敗意味著你沒能使自己的才能得到充分的施展，使機會得到充分的利用。很少有人能做到這一點，人人心裡都明白——暗自明白：在我們自己的眼裡，我們常常是失敗者。

說起來好像是自相矛盾，我最慘重的失敗，正是一系列馬拉松式的相對成功，這些成功卻沒有一次發生在劇場裡。換句話說，我的失敗並不在於回到寫作，那是我真正想做的事。從孩提時起，我就一心一意想當一名作家。

對於麗絲夫人來說，政治上的成功干擾了她的寫作，因而代表著失敗。競選國會議員並非她的主意，而是她丈夫的意思。因為當時她已經是一位知名的劇作家了。

在那個時候，女人要想當選議員已經夠難的了，而且身為女人，還是個寫性感喜劇的劇作家，要在競選中取勝更是難乎其難、最後我棄文從政，但我一直相信我會重操舊業的。

每個人都認為我會失敗——包括我自己。那是一九四二年，正值羅斯福執政時代，我以共和黨人的身分參加競選。我想至少我可以寫一個關於競選的劇本。可是，我居然贏了，這大大出乎我的意料之外。

不過，我自己並不把它看成是成功。政治不是我的志趣。它是一項集體工作，缺乏創造性。

之後，她連任兩屆後便引退了，她渴望寫作，可是命運之神使她失去了11歲的女兒和母親以及哥哥。

> 很長一段時間裡，我情緒非常低落，什麼事也不想做，困惑與痛苦纏繞著我。我有幸成為一個天主教徒，但仍然不能靜心寫作——我的人生哲學和世界觀，完全改變了。
>
> 事故、天意和我丈夫的意見——這一切都妨礙我重新寫作的宿願。過了一段時間，我開始對自己說，也許你不是個作家，也許你再也成不了作家了。

麗絲夫人向後靠在沙發墊上，注視著窗外的夕陽：「我實在弄不明白『成功』一詞。我知道用它來描述我，可是我不懂。」一

潛在失敗者沒有強烈的失落感，可是他們仍受著絕望的煎熬，漫長、耐久、綿綿不絕，這種痛苦並不亞於失敗者，麗絲夫人的自述便是個著名的例子。

5．失敗者的隊伍

不管你經歷了如何獨特的失敗，請相信，你不是孤立無援的。失敗者有著龐大的隊伍，而且這個隊伍還在壯大當中。

在這個快速變化的經濟世界裡，唯一的安全便是自信能夠對付不安全。我們無法擺脫失敗的可能性，找到一個世外桃源。唯一的辦法是我們得明白自己並不是孤軍奮戰。我們必須從失敗中學到東西。

美國人的競爭精神是世界聞名的。在這裡，即使得了第二名也不值得誇耀。北美曲棍球運動員愛德華坦率地說——

第二名跟第六十二名沒有什麼區別。得了第二名，你還是輸了。

最近，我一個朋友五歲的兒子從幼稚園回來，興奮地對父親說他在學校參加了一次賽跑比賽。

父親的第一個問題是：「誰贏了？」

「老師說我們都贏了。」小傢伙滿意地回答。

父親俯身抓住孩子的雙肩。「兒子，」他說：「第一個衝過終點線的小朋友只能有一個，另外十五個都在他後面，你在哪兒？」

就像這個小男孩，我們從小就受到競爭精神的薰陶。比賽是嚴肅而令人嚮往的，明確的獲勝者和失敗者，都會從中誕生。

學校的考試又增強了競爭的觀念。分數測試你的能力，評斷你的價值，它客觀而公開，不容模稜兩可的解釋。

比賽與考試的精神鑄成了美國人對待成功的特殊態度。眾所周知的，在美國，成功有四大特點——

1．**實在可見的成就**　主動地去做什麼，而不是被動地成為什麼。例如：新開了一家公司，贏了比賽等。

2．**必須自力更生**　繼承的財產毫無意義。

3．**報酬形式是金錢**　唯一的例外是政治，政治上成功的報酬是權力，但也有數量大小的區別，越是成功，權力越大。

4．是否成功由別人決定

紐約前市長愛德．科奇疑惑地喊道：「我在幹些什麼？」好像「成功」二字非得從嘴裡說出，否則他就不知道自己是否成功。

演員對自己的演出感到滿意卻未獲得好評，球隊踢得比以前好卻沒贏，詩人自我感覺寫出了最佳作品卻沒有雜誌發表——這些都不是美國式的成功，在我們這個非贏即輸的社會裡，這些情形都被稱作「失敗」。

6．成功．失敗倫理的起源

在古老的時代和中世紀，人們從不談論失敗。人們把生活的變故歸因於強大的外部力量——厄運、機遇、上帝的旨意。失敗意味著離開天賦的處境去冒險。在歐洲嚴格的古典系統中，人人都得學著父親的樣子生活，失敗幾乎不可思議。

除此之外，中世紀極少尊崇個性，所以也就沒有個人的成功與失敗。中世紀大教堂的建築師既不追求也未獲得個人名利。辛辛苦苦裝飾中世紀手稿的文書從來就都是佚名的。記錄特殊個體的肖像畫雖然自古代就有，但一直到文藝復興時期才又再度出現。劇本寫的都是大家，而不是一個獨特的個體。

教堂進一步強調對個性的抹殺。「柔弱的人有福了，」耶穌說：「因為他們將繼承大地。」這與當今美國的成功/失敗意識，截然對立。

文藝復興留給我們的光輝遺產，不僅僅是它偉大的藝術，同時也是「榮耀」這個概念，它是成功不可缺少的基礎。但丁以及文藝復興時期的詩人，是那個時代閃爍的群星，他們以自己的成就為傲。普通人也在現世中追求榮耀。新興的工商階層驕傲地炫耀自己的首飾、服裝和家具。

文藝復興的個人主義、貿易的發展、以及此後的宗教改革已播下了成功/失敗倫理的種子。但是歐洲一套傳統的階級制度，卻使之變得毫無立足之地。

新大陸都是另外一幅景象。這裡沒有封建貴族制度，進入上層階級唯一的通行證就是金錢。既然人人都有積累金錢的權力和社會，那麼遍及全國的「美國夢」便誕生了，那就是——不斷進取。

一個嶄新的英雄形象應運而生：自力更生的人。這是美國的獨特發明，他可以享受生活、自由、追求財富。如果在歐洲，他永遠找不到這份幸福。成功/失敗的倫理就此誕生。

為了了解這個觀念多麼激進，讓我們看看其它國家的人如何看待成功與失敗。英國電視評論員及作家梅爾文最近指出：

> 英國人喜愛失敗者。我們把他們緊緊擁在懷裡，如果他們需要，就給他們幾個金幣，毫不在乎他們是否敗落。當然，我們崇拜財富，但它只能有兩個來源：要嘛繼承，要嘛碰上好運。這個國家花在賭博上的錢——雙倍於國防資金。我們對那個自力更生的人抱有很深的懷疑態度。自己掙來的錢？這種事情在這裡顯得不免有些骯髒。

如果你曾在英國做過生意，就會知道梅爾文說的一點不假。英國人以驚恐與不屑對待美國人做生意的熱情。那麼，毫不掩飾、窮凶極惡地追逐金錢在英國簡直就行不通。長期的封建貴族制使法國人對貿易也抱有相似的蔑視態度。在法國，商人不能享有與美國商人同等的威望。在法國和歐洲許多國家，一個人的自我意識來自家族淵源，而不是生意上的成功。

遠東的情形就更不一樣了。現世生活只是過眼雲烟，何必奮鬥？智慧而不是金錢代表成功，現世的失敗並不是什麼恥辱。日本戰國時代，最偉大的英雄正是那些戰敗者。是面對失敗的態度，使他們成為英雄，而不是獲得成功的方式使他們成為英雄的。

7．在什麼國家失敗最好、最慘

由於美國人特別強調成功，在這個國家失敗便是最殘酷不過的事了。

職業拳擊手科尼是個體格強健的愛爾蘭黑髮青年。在拳擊場上，他以排山倒海之勢連連獲勝，直到一九八二年向冠軍荷馬斯挑戰時被擊敗。「我輸了！」他說。「我一生中從未輸過，可是在這場至關重大的世界比賽中，我輸了。我覺得很令大家失望。」失敗使科尼受到嚴重打擊，他心灰意懶，幾乎兩年沒在拳擊場上露過面。在一個獲勝就是一切的社會裡，一旦失敗，你就失去了一切。失敗成了一種死亡。

然而，美國又是失敗的最佳場所。這裡的社會地位不由出生決定，你完全可以跌倒了再爬起來。在這片土地上，你可以從乞丐變成富翁，再變成乞丐，再變成富翁。知名度僅次於自力更生者的是東山再起的英雄。理查德・尼克森就是典型美國的產物。

布什爾的公司倒閉後，他說：

我們國家也許是最能容忍失敗的。在歐洲，東山再起這種事件幾乎不可思議。人們害怕在英國和法國冒險——並不是怕丟錢失去財富，而是害怕名聲掃地。名譽是無法恢復的。

美國的新聞機構卻永遠在尋找故事，有成功的故事，同樣也有失敗的故事。在哪個國家，能像在美國這樣，失敗後，人們還會說：「他也許吸取了教訓。」

8．失敗的好處

我們很少有人認識到失敗的益處，相反的，由於恐懼，我們力圖迴避失敗，並把這種恐懼傳達給孩子。一對很有成就的夫婦有個兒子，成績不好，在瀕臨不及格的邊緣，父母為他轉了學，到高中畢業時，他又轉學了三次，他們從來沒有給他失敗的機會。他畢業後透過父親的關係，到哥倫比亞廣播公司新聞組工作，他如往常一樣粗心大意，只是這次沒人庇護他。他被解雇了。整整一年，他沈溺在沮喪之中，隨後在一家散頁樂譜公司幹起了打雜工。他父母的宗旨是：

一、我們不接受失敗。

二、我們認為你經不起失敗。

失敗和允許孩子失敗是非常重要的。年幼時學會承受失敗，會使你在日後的生活中更加堅強。而且，只有敢於冒失敗的險，才會有所成就。

失敗也給我們提供了一個獨特的學習機會。哈佛大學的學生對失敗的公司進行研究，這並非偶然。成功是可喜的，但說明不了什麼問題。哥倫比亞長老會醫院的外科主任凱特大夫，對運用移植工藝治療糖尿病這個項目研究了十年，也沒成功，可是他說：「我從來不把這些結果看成是失敗，這只是一個不完善的結論。對於想達到什麼，我一直心中有數，每次實驗都告訴我什麼地方做錯了。」

失敗給了你選擇權。試想你開車去朋友家。一路順風到達目的地是成功的情況、如果途中汽油沒了，你立刻就會面臨多種選擇：或靜候他人幫忙，或到大馬路上去伸出大姆指請求開車的過路客援助，或打電話，甚至去田野裡散散步。比起一路順風來，這一失敗給你提供了更多的「選擇機會」。

9．結束禁忌

馬克是紐約的一名建築師，他自己開了家公司，幾年前在財政上遇到了困難。有一天，他在街上與另一名建築師巧遇，馬克坦率地談起自己犯下的一個災難性錯誤，那位建築師深有同感，並向他詳細描述了糾正錯誤的經驗。

馬克說：「我站在那裡默默地聽著，如同獲得了價值十萬美元的免費指導。」

從那以後，馬克每隔數月便召集建築師集會一次。會上大家暢所欲言，將一切情況（包括財政情形）都公開化。每人講述兩個故事：一個成功的；一個失敗的。

女演員芭芭拉的故事說明了這點。她由於在影片《逃亡》中扮演的角色而受到奧斯卡金像獎的提名，接著便至喬治安納州拍攝由此改編的電視連續劇。她已是經歷了漫長的舞台及銀幕生涯的大明星。劇中的年輕人都是些無名後輩，此刻正品嘗著第一滴成功的美酒。試演了六集後，電視台取消了他們的一切合同。芭芭拉回憶起與年輕人乘車去機場途中的情形。

我們都在談論著今後的打算。一個說：「我要去跟他們談談關於百老滙那個劇的事。」第二個叫道：「我要去見一個大導演，他請我在影片中擔任主角。」第三個宣布他的代理人堅持要他趁現在走紅時，立即到好萊塢去。他們回頭問我準備做什麼？

「星期一早晨到失業所去。」我說。隨即車中一片默然。

他們不懂得人在一生的事業中會歷經許多波折沈浮，一旦摔倒就以為再也爬不起來了，所以就遮遮掩掩——像他們那樣——而一旦成功了，就認為會永遠成功。經歷過幾次反覆的經驗，你就會懂得成功與失敗是很自然的，是你生命中的一部分。如果你全心全意地在事業中闖蕩，自然會有成功與失敗。這點他們還不明白。

10．什麼是失敗？

失敗是對某事件的評判。
是人生的一個階段，
不是對人格的宣判。
不是永恆的狀況，

不是致命的錯誤。

它只是對某一事件的評判。

要記住的是：對待失敗的態度，而不是失敗本身鑄造了你。

失敗給人教訓，這已是陳腔濫調。可是以前我們總是暗自吸取教訓，默默吞下智慧的苦藥，失敗可怕得不能談論，這種宣傳已成為一種神話。也許我們害怕如果對孩子和朋友講了，他們會少愛自己一分。

然而在本書中講述自己故事的人們卻寧願打破這種沈默。對他們來說，失敗是一種強而有力的成長經驗。

最後，知道自己能承受一切，這是力量的真正源泉。

2・來看看失敗的真面目

不論人們如何鼓勵你、安慰你，失敗之後，你仍然擺脫不了恐懼、憤怒、沮喪和愧疚，你痛苦、迷離、不知所措，但偶爾也會有輕鬆而堅定的時候。你的防波堤垮了，洶湧翻滾的情緒，沖擊著曾經是安然無恙的你，把你從希望的山巔拋到絕望的深淵。這是一個動亂不安的時刻。

事實上是，你的自我意識受到沉重的打擊，你越是將自己與工作融為一體，遭受的打擊就越大。一個電視播報員被解雇後總結道：「人們說別太在意了。我說：『開什麼玩笑？是我的腦袋，我的聲音，我的臉——他們解雇的是我！』」

從這個意義上來說，事業的失敗不同於其它損失。它突然野蠻地將個人尊嚴一舉擊潰。即使親人的死亡也打擊不了我們的「自我」；儘管痛苦，為他人哀悼並不會抹殺掉自我的意識，但事業的失敗，卻能做到這一點。

人們通常只能記住這段時期如何雜亂無章，事實上並非如此。失敗也可分成幾個階段。這幾個階段看似痛苦，騷亂，因而無益，其實卻起著有益的作用，它們強迫我們接受損失，準備重整旗鼓。它們是——

(1)震驚

(2)恐懼

(3)憤怒與責備

(4)羞愧

(5)絕望

各人經過這幾個階段的速度有著很大的差異。來自科羅拉多的州議員巴卡落選後，在山裡度過了一個孤獨的周末，三天後就沒事了。然而豪威特都花了一年多的時間。還有些人好像永遠也度不過這個難關。

我們知道，有些階段好像時常是相互滲透的——特別是恐懼、憤怒和羞愧。儘管如此，對很多人來說，它們都依次連續發生，所以我們在此分別加以說明。

1．震驚

一切都來得這麼快！那天我還是個家喻戶曉的新聞人物，保鏢簇擁著我，四周滿是樂隊的奏樂聲和人群的歡呼聲；失敗後的第一天，一種勢不可擋的孤獨感占據了我。音樂和人聲戛然而止，在這個偌大的世界裡，我只落得個形影孤寂的下場。我驚呆了。

這是麥加文在描述他敗給尼克森總統時的情形。雖然從理智上來說，麥加文對失敗是有所準備的，但在情感上他都毫無防備。這次失敗來勢凶猛，使他束手無策。他只能解釋為人們對他個人的遺棄。好幾年後，他才清楚地認識到，人們熱中的只是政治潮流、力量及條件，這一切，是他個人所無法控制的。

麥加文是個老謀深算的政治家，他完全懂得自己是在冒險。儘管如此，他也逃脫不了失敗所帶來的震驚。沒有人能逃脫。

帕特麗西亞沉著穩重，眉宇之間閃爍著奪人的睿智。她思路敏捷，生得一副伶牙俐齒，把一生都維繫在自己那個第一流的腦袋瓜上，身為自己創辦的出版社的總經理，一旦被驅逐後，她感到自己的智慧坍塌了。她驚呆了，意志退卻了。

帕特麗西亞對於自己的遭遇是有所覺察的，那是在公司介紹進來一個新人的時候。然而，某龐大的化妝品公司的副總經理香儂，也遭遇到和帕特麗西亞同樣的命運。在她充滿信心地提出要求加薪的那天，老板解雇她了。

> 我的第一感覺是一種毀滅感，但我說不出具體是什麼。像是一場夢，夢中你一絲不掛地走進一間房子。我很快活，雖然怪怪的，卻一點兒也不生氣——像是在作夢，真的。

對於突如其來的損失，第一個反應是懷疑、震驚、麻木。你明知自己受到打擊，意志卻遏制了痛苦，甚至還可能感覺到快活。帕特麗西亞在被解雇那天表現出「男人般的驕傲」。有時，震驚的行動是很古怪的。一個被解雇的女總經理，開著小汽車來到門前，穿著皮草大衣，滿身珠光寶氣，這是她得知自己被解雇後特意買的。她對目瞪口呆的丈夫說：「幹嘛不花個精光？」

接著，通常是偶然的事件終止了麻木階段，震驚的第二階段開始了。在惜別宴會上接受大家賀酒時，帕特麗西亞，這位感情從不外露的文雅女士竟然當眾大哭起來。她尷尬地起身想離開，卻邁不開腳步，幾天後，她又感到呼吸困難。顯然她得了一種古怪的肺部感染病。

由某種意義上來說，帕特麗西亞將近末日了。如果你就是工作本身，當有人摧毀了這一個工作，實際上就是摧毀了你。

震驚從一種內在的麻木、懷疑，發展為一種清醒的意識，才意識到這是一場可怕的致命打擊。

這時你不應採取任何行動，只需默默地吞下這顆苦果。試想一個重物砸了你的腳，你要嘛抓住腳大喊大叫，要嘛用另一腳單腳跳動以減輕痛苦。在這兩種情況下，你都在忍受傷痛，等待它消失。

這時你最需要的是一個深懷同情心的聽眾，而不是一個對你指手劃腳的人。你也許認為採取行動才是理智的做法，其實不然。曾有個被辭退的男人這樣回憶道：

我妻子企圖安慰我。她說：「你現在不明白，其實這再好不過了。這工作你幹得太久了，現在終於可以找點新鮮的活幹了。」我對她這些話暴跳如雷。我現在只需要別人對我受到的不公平待遇表示同情，同我一起憤怒。我不需要別人對我講大道理。我只要別人說：「那幫流氓！他們怎麼能對你這樣呢？」

治療學家羅森說得好：「震驚是個最需要擁抱和親吻的時期。」

精神病學家伊維特指出，人們總是對天起誓，以此來避免震驚的痛苦再次發生。《飄》裡的郝思嘉被圍困在亞特蘭大，在瀕臨餓死的關頭，向老天爺發誓：「我將再也不挨餓了！」郝思嘉的誓言在戰亂時是恰當的，然而在生活中我們時常會碰到不恰當的誓言。

麗絲夫人談到她的處女作失敗時的情形說：

> 那些話說得非常刺耳，我至今仍然記得相當清楚。那位評論家說：「發生在最後也是最令人噁心的是，麗絲跳到台前，活像一隻羚羊，那架勢好像全場都在歡呼：『作者，作者！』其實這聲音誰也沒聽到，除了她自己。」
>
> 我對自己發誓，只要我活著，就再也不在劇本首次公演的當晚去劇院——如果

我還會寫出一個劇本。我總共寫了八個，其中三個轟動一時，我卻再也沒有在首演會場上出現過。

麗絲出自震驚的行為是可以理解的。在這一階段，我們極易作出奇怪的決定。我們掙扎著接受打擊，可是一旦震驚到來，「靜候痛苦過去」的做法則更安全。

2・恐懼

緊跟著震驚的是恐懼。起初恐懼是具體的，像是「我怎麼給孩子付學費？」然後很快就會發展到不可駕馭的程度——要是我再也找不到工作怎麼辦？具體的恐懼也許有用，它使人警覺，就像發燒使人警覺一樣，但漫無邊際的恐懼，卻往往令人束手無策。

產生這種普遍恐懼感的原因之一是，我們原先相信這是個井然有序的世界，如今這一信念崩潰了。正如香儂所說的：

恐懼幾天以後才到來，一下子就將我吞噬了。我的價值觀受到了挑戰。我原先相信在這世界上，只要辨事正確，就會有好結果。在工作中就應該這樣，因為工作是個不負有心人的系統。我弄不清為什麼自己升得這麼快，跌得又這麼突然。其中的原因難以捉摸。突然，整個世界都變得難以捉摸了。

一種更黑暗、更原始的恐懼盤踞在具體和普遍的恐懼背後，那就是，我們自身的道德觀。你想像自己就是香儂，一旦被辭退，身為化裝品公司副總經理的妳就死了，它預示著妳其餘的部分總有一天也將滅亡。我們每個人不知怎麼都認為自己一死，世界末日就來了，而沒有我們，地球照樣運轉，這一事實令我們深感不安。它說明了我們不僅會死，而且還會無聲無息地死去。由某種程度上來說，這也就是失敗導致恐懼最深刻的原因之一。

恐懼之所以咄咄逼人，是由於它幽幻而混沌。應該把它從幻影中拖到日光下來，整理成一個個具體問題，各個擊破。

如果我們任其泛濫，恐懼則會變為恐慌，使我們不知所措，無法採取任何行動，所以必須不惜一切代價平息恐慌。

在本書第一章中提到的蒙娜就經歷了這一階段。

我害怕的時候，首先要做的就是盡力站穩不動，不四處奔波。我沉思默想，對自己說：「妳以前也有過這樣的情況，都挺過去了。」我以前害怕的時候，總是拚命跑，力圖抓住「它」，不管「它」是什麼。現在好像跑不動了，我得停下來，與很重要的東西進行交流。

恐懼在我們心中激起孩提時的驚嚇，使我們想起那個角落裡躲著怪獸的無助時刻。對有些人來說，克服它的方法是沉思，對有些人則是「各個擊破」。

3. 憤怒與責備

我將三分之一的生命獻給了他們，下場卻比一個背信忘義的情人遠慘得多。

——來自波士頓的前任編輯

我怒火中燒——憤怒充滿著全身每一個毛孔，從髮尖冒出來。我已經無處存放它了。

——來自底特律的前任廣告董事

為了《芝加哥論壇報》，我把命都賠進去了，還得了瘧疾和痢疾。他們就是這樣報答我的！

——作家威廉・L・雪雷

有些人直接就從恐懼過度到了絕望，由於略過了憤怒這一階段，他們要從失敗的情緒中恢復就更難了，因為憤怒是個健康的階段，它表明了你看重自己。

失敗引起憤怒，這是理所當然的事，也在人們的意料之中。例如，公司為了平息怒氣，付給遣散者一筆錢。憤怒到了極點會導致破壞性行為，也會導致失眠、暴躁和一種不息的挫折感。對於大多數人來說，憤怒，尤其是綿綿不斷的憤怒，令人不安。

憤怒促使我們為自己報仇，不過這仇是不容易報的。然而，如果無法行動，我們可以幻想。憤怒化為幻想，這一階段妙極了。我們每一位採訪對象幾乎都樂於此道。

年輕的歌劇導演彼得・薛伏特復仇的故事是最好不過的例子，他在甘迺迪中心被當眾辭退。

歌劇在華盛頓上演的那晚，我蹤巧在甘迺迪中心。我當然知道怎麼去後台。現在正是第一幕的高潮，打開裝著女屍的棺材，女高音唱出痛楚淒厲的歌聲。我決定爬進棺材——這我完全能做到，因為我認識劇組中所有的人——女高音打開棺材的剎那間就會看見我躺在裡面微笑。我肯定她會嚇得唱走調，這次演出會搞砸了。太有意思了。要不是還有點風度，我準會那麼做。

對有些人來說，唯一令人滿意的復仇是獲得更大的成功。他們迫不及待地直衝憤怒階級。出自報仇欲的行動結果往往適得其反。

伊維的故事說明了這點。伊維是華爾街一家最大的金融投資公司的副總裁。他聰明過人，好勝心極強。不幸的是，經常得罪不如自己機敏的同事。最後被公司幕後的操縱者M先生辭退了。這是一次無法容忍的侮辱，伊維迅速掠過震驚和恐懼，把全部精力投在憤怒和責備上。唯一的辦法是建立一家更大的公司，讓M先生看看到底誰有本事。

他很快籌備起來，他的實力只夠辦一個小公司，幾個合作者必須和他一樣傑出，然而，他卻開了一家大公司，一年之內就倒閉了。這是情理之中的事，因為他突出的個性不允許這麼做。正如他自己所說：

如果我把一切往後推一年，就會作出一個更好的決定。

臨床精神病學教授艾斯曼指出，人們勃然大怒會導致沮喪，冷靜集中的憤怒部可能成為一種有效的動力。

不是每一個接受我們採訪的人都經歷了憤怒與絕望，可是人人都曾耽於責備。

起初，責備總顯得很不理智，其實是對無法容忍的事件作出合乎邏輯的反應。它企圖找出事件發生的根源，從而保持世界的理智性。有時，責備的對象是我們自己，而不是別人。

值得注意的是，責備幾乎總是不準確的。它代表了人們對事物的最初解釋，這種解釋往往是不完全的。的確，老板也許是難以容忍，或者公司裡新來的同事正圖謀著你的職位，但是如果你花時間冷靜想想，就會發現原因比這要複雜得多。M先生是決定要趕走伊維，但伊維自己工作上的弱點也是導致失敗的原因。

憤怒、報復和責備是暫時而又極有益的情緒。憤怒和報復強調我們自身的價值，責備則使我們明白主宰這個世界的是理智，而不是機遇。它們各有所長，只是不能耽溺其中、沒完沒了。

4．羞愧

我沒有立刻去辦公室收拾東西，而是晚上讓太太陪我進辦公室把所有的東西都搬了出來。我受不了同事們的眼光。

——保羅·包爾，被解雇律師

我一連三天都沒告訴海倫·葛麗·布朗，我又被解雇了。

——大衛·布朗，前任出版社董事長

我們將評判自己的大權交給別人，羞愧由此產生。如果我們是自己的唯一評判人，就只會感到悔恨。從孩提時代起，我們就不停地問自己：「他們會怎麼想？」大多數時候，我們連「他們」是誰都不知道。

越是出名的人，羞愧感就越強。是使公眾失望的羞愧感毀了職業拳擊手科尼，而不是他敗在荷馬斯手下這件事。「我想自己對許多人來說都是希望的象徵，我不想辜負他們，」科尼說。「我不在乎讓自己失望，可是讓所有那些人失望——我受不了！」失敗暴露在大庭廣眾之下的時候，羞愧感尤其強烈；反之情形就不一樣了。

女演員波麗熱情、沉著、服飾優美，她經歷過兩次嚴重的失敗。一次是她創立的公司「海灣」，一次是她主演的片子《不僅僅是為了女人》。

兩者的差別說明了羞愧的本質。

開創「海灣」公司完全靠她白手起家，正如把自己由一個建築工人的女兒鑄造成電影明星一般。

> 我自力更生幹了一年，後來錢賺到了一百五十萬美元，覺得自己沒受過高等教育，恐怕不能獨自勝任這個重任，便請來一個專門搞財政的人，結果他幹得糟透了。一年以後我們就負債累累了。於是，我把他辭退，而且責備自己。我總是責備自己。
>
> 為了獲取資本，我不得不把公司賣了，幾年後，接手「海灣」的那家公司又把它賣給了別人，我知道那幫人準會毀了我的事業。我無能為力，三年後那家公司便

破產了。

對於這次的失敗，波麗她說：

我覺得好像死了個孩子。我很傷心，感到自尊受到某種程度的傷害。雖然公司已經賣掉了，但不知怎麼回事，我還是覺得我失敗了。

波麗思緒萬端，但她沒感到羞愧。她是自己最嚴厲的法官，她沒有賦予任何人評判她、令她羞愧的權力。

《不僅僅是為了女人》那件事就不一樣了。波麗替代芭芭拉與法蘭克合作主演。一年後，她決定離開公司。在阿卡布度假時，偶然發現報上登載了她被「美國廣播公司裁員」的消息。這不是真的，但人們相信它是真的，好像她的影迷正看著她，譴責她的失敗。她羞愧難當。

這比失去公司更令我難堪，因為它是公開的。「海灣」倒閉賣掉時，我受了不少苦，但只是暗自受苦。被廣播公司解雇卻是當眾出醜，這無異大家宣布說：「她也不怎麼樣。」

波麗如今在經營婦女鞋帽首飾這方面做得有聲有色。她從「海灣」學會了自己控制一切，從《不僅僅是為了女人》學會了作自己的審判官。

失敗後，人人都小心翼翼地接近你，實際上是想試探你的態度。如果此時你滿臉愧色，擺出一副殘兵敗將的樣子，他們就會像對待殘兵敗將那樣對待你。如果你作出安然無恙的樣子，他們的態度也就不會改變。

記住——控制局勢的是你。

「失敗不是件可恥的事，除非你自己表現出羞愧的樣子。失敗也不是傳染病，除非你自己表現得像個帶菌者。」——電影製片人大衛·布朗說。

如果你收回對自己的審判，喜歡自己，饒恕自己，就不會感到羞愧。誰也不能強迫你成為犧牲品，除了你自己。

如果有哪個時候是可以行騙的，那就是在羞愧的階段。除了對一兩個知心朋友吐露心跡外，在社交場合則應戴上面具，這才是聰明的辦法。

正如珍妮・茜麗所說：「不要解釋，不要埋怨，微笑著向他們表示，你依然要幹下去。」在破產、失業和恐懼的壓迫下，珍妮時常強迫自己看著人們的眼睛，強作樂觀地告訴他們：

> 我什麼都想試試，對未來充滿信心，這次離開廣播系統正好給了我到別處探險的機會。真是其樂無窮！

在說這些話的背後，珍妮正哀求她過去的老板，並向家裡借錢付房租。

有時人們太畏於人言，不願「屈尊」，因此失去很多機會。

那些最善於化險為夷的人從不懼怕換工作，即使那工作比原先的低劣。

蘇珊就是個例子。她與一位友人合開了一家通訊公司，生意一直很興隆，十年後，合夥人突然死亡，公司開始搖搖欲墜。她痛苦地送走了雇員，感到垂頭喪氣。她的措施很簡單——從頭開始。

她搬回家裡，將靜電複印機拖到廚房，單槍匹馬重新創立一家公司。「一開始我還覺得有失顏面，後來，」她笑著說：「我為自己的堅強感到驕傲。」如今她公司的業績正蒸蒸日上。「有時候，」她說：「你先得後退，然後才能前進。」

5．絕望

我父母總說：「諾蘭，只要你努力，什麼事都能辦到。」我覺得自己已經力不從心，筋疲力盡了。

——諾蘭・布什奈爾

我飛速地呈螺旋形向下滑，好像自行車快得無法把腳放在腳踏板上——你只能拚命抓住把手。你只是懸在親愛的生活上，無法控制住它。

——帕金斯

他帶我走進他的房間，癱倒在椅子裡，一言不發，垂頭喪氣——我從沒見過他像這樣。他好像既不想反抗，也沒有怒火。他……只是說：「我完蛋了。」

——維奧列對溫斯頓的描述

絕望不是什麼新鮮玩意兒。溫斯頓・邱吉爾把它稱之為「黑犬」。孤獨、恐懼、哀愁、空虛，早晨起不了床，一想到得梳妝就無地自容，對未來毫無信心。

絕望與是否失敗並無必然聯繫。許多失敗者根本就不知道絕望的痛苦。

換句話說，失業並不一定使你感到消沉沮喪。你也許感到震驚、憤怒、害怕，但只要你還相信自己的價值和能力，就不會陷入絕望。

你越是依賴自己的工作，失業後的絕望就越沉重。如果你是畫家，有老婆和孩子，還在一家小圖書館裡工作，這時圖書館辭退了你，你決不會感到絕望。相反的，如果你認為自己與工作是一體的話，失敗則會令你感到茫然失序、痛苦絕望。

據說，如果找別的工作沒多大希望，絕望總會在失業後六十至九十天內發生，好在多數絕望都有一定的期限。

奇怪的是，加速絕望結束的最佳辦法是任其發展。死亡帶有一種莊嚴的悲劇色彩，所以我們允許有一段時期在悲痛中度過。被解雇則既不莊嚴也不偉大，所以我們感到不能擁有同樣的權力。一個被解雇的電子工程師不無哀傷地說：「沒有人給我捶胸頓足的時間，他們只允許我迎上去，挺過去。」

政治學家及社會觀察家班傑明・巴柏教授將此必要過程比作猶太人的哀悼儀式。

和你朋友聚在一起，攀談，思考，拿出你為老板寫的一些得意之作，拿出你的推薦信。就這麼做，不必把它們藏起來。擁抱失敗，不要逃避失敗，這才是重要。於是終於有一天，痛苦消失，你整裝待發。

班傑明的建議完全與精神病學家伊維•奧巴狄亞的看法一致。他治療過許多遭受失敗的病人。「關鍵是要從失敗中解脫出來，」他說：「要重新樹立起你的長處。辦法之一就是記起你曾有過的成功。」巴柏教授的健康哀悼法使我們恢復自尊。

在絕望期間，朋友可以是一個很重要的慰藉源泉。我們反覆談論的是兩大話題：遭朋友的遺棄令人震驚，而有的朋友則成了患難之交，令人不得不另眼相待。

對馬尼•費爾南多來說，對朋友的需要勝過對工作的需要。「我最最需要的，」他在公司倒閉後說道：「是有人說：『嗨，馬尼，你這人不錯！』」

而這時最好的朋友是一個有過與你相同經歷的人。馬尼的朋友也是一家電子公司的總裁，遭受過類似的失敗。他每隔幾天就來看馬尼，給他提建議，或者只是靜聽他說話。他理解他。

絕望期間，幾乎與友誼同樣重要的是幹點什麼別的。

被逐出公司的律師保羅・包爾幹起了烹調當煮夫。陸莫找不到電視製片的工作時便安排自己收拾房間。

格林威治溫和的鄉村作曲家丹・艾基拉遭受雙重打擊——一是與相處多年的情人分手，二是評論家對他的音樂極不欣賞。在一個偶然的機會，他發現了自己該做什麼。

我在街上遇到了瘋子安德魯，他是我鄰居，以前曾打過幾次招呼，不過從來沒和他真正談過話。他留著一頭蓬鬆的灰髮與奇怪的鬍子，樣子瘋瘋顛顛，活像一群聰明的笨鳥。他看了我一眼使說：「看來我們得好好談談。你很不對勁。瘋子安德魯知道。」

他讓我告訴他出了什麼事，然後說：「你一天24小時內任何時候都可以來找我，要是我兩天沒見到你，就去找你。」

我們就這樣繼續了幾個星期的連繫。有一次，他說：「現在我要給你安排個活幹，你必須幹。把你的房子粉刷一下，你要改變你的環境，送自己一件禮物。刷成什麼顏色都行。」

他瘋瘋顛顛地朝我笑笑說：「我建議你用黑色。」

我沒用黑色，不過還是刷了房子。從早到晚，我一心就想著粉刷。早晨還是一堵醜陋的牆，中午已變得平整了。

後來，我才意識到瘋子安德魯有多聰明，他給予我的正是我所急需的——一項消磨時間的活動；而時間的確是傷口與痊癒之間唯一的緩衝器。

大約早於丹·艾基拉七十年的時候，同樣絕望的溫斯頓·邱吉爾在繪畫中找到了解脫。一九一五年，在他被逐出海軍部最艱難的時刻，姐夫介紹他去從事繪畫。在他漫長的一生中，繪畫撫慰了他的心靈，並引導他發現了一條原則，這一原則在他最困難時幫助了他。

變化是一種靈丹妙藥。一個人總是不斷地做一件事，可能會心力交瘁。疲乏的那部分大腦得到恢復，靠的不僅僅是休養，還應該借助於大腦的其他部分……只有當新的細胞被調動起來，新的星星出現在夜空時，才會有輕鬆釋然，心曠神怡之感。

像此書中的其他人一樣，邱吉爾發現，克服絕望的最佳辦法，是至少暫時放棄使你失敗的嚴肅追求，轉入一項更簡單更容易成功的活動。正如這位偉人所說，變化，是靈丹妙藥。

失敗的幾個階段就像疾病的幾個階段一樣，是可以預知、可以挺過去的。每個人都會經歷這幾個階段，它們雖然令人難受，都不是永恆的。正如多數疾病，失敗也給你留下傷痕，並且告訴你：你是個倖存者。

每個人完成這幾個階段的時間不一。對有些人來說只是一晃而過，比如州議員巴卡就只用了三天時間。有的人則更像失去親人的哀悼者，恢復過來要花一年時間。大多數人的速度是幾個月。

重要的是，不要抓住其中一個階段不放。有的人耽於一個階段，不能自拔，或憤怒、或羞愧。例如，杰里就耽於羞愧。有的人耽於責備，失敗後好幾年，還在談論到底「是誰的錯」。

他們一味地沉溺於過去，而不是用心來建造未來。

所以，重要的是不要懼怕經歷失敗的每一個階段，而應接受它，度過它。所有這幾個「壞」階段都有它的好作用。正如哀悼的價值在於連接傷口與痊癒。你完成得越快，迎接未來成功的步履就越快。

你會說，看來挺費事。

是的，你說對了，是挺費事的。

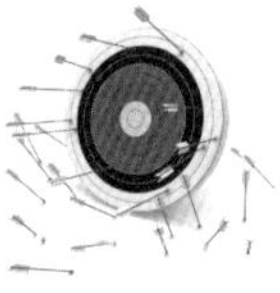

3・失敗的漣漪效應

失敗不可能永遠是個人的事。任何對自我意識具有深重影響的東西，無可避免地都會影響到我們對周圍人的態度。我們的失敗震撼了包圍著我們的世界。

日常的模式被打破了。有人以前從不待在家裡，現在卻整日不出門。緊接著的是亂烘烘的一片。即使夫妻間百般恩愛，他或她若總是在家也會令你感到不快。孩子們看到平時總去上班的父母親，如今都成天待在家裡，且鬱鬱寡歡的話，他們也會變得迷茫不安。

這樣的人不僅成天在家，而且話也少了。辦公室發生的事情在先前是極好的聊天話題，如今卻不存在了。夫妻間的談話變得矯揉造作，一方沮喪，另一方則拚命保持原先的好脾氣，情緒上的平衡被打破了。

空氣越來越緊張，抗爭越來越激烈。怎麼對孩子講？他為什麼不主動去找工作？他為什麼老是哭喪著臉？為什麼把衣服到處亂扔——總之一切都需要抗爭。隨著失敗的漣漪鋪展開來，親密感往往就會崩潰了。

逆境不一定能使兩人緊緊相依。有些人由於不幸而更加親近，可是許多人則是由於不幸而分開了。

總之，女人的成功比失敗更容易破壞關係，而男人的失敗則比成功更容易破壞關係。多數男人都能接受他們所鍾愛的女子的失敗，並給予支持和安慰。事業上的失敗似乎並不會使一個女人因此變得不可愛。一個女人要是在事業上春風得意，那可就壞了。男人得比女人強，這種觀念在我們腦海裡已經根深柢固，所以如果一個家庭裡，女人掙的錢多，這時夫婦感情上的平衡往往就會受到威脅。

不過，這不過是事情的一面。經過仔細研究，我們發現失敗對雙方關係的影響並不僅僅在於誰是失敗者。更重要的是——決定失敗影響的關鍵因素——夫婦間的默契。

1．默契

每當我們認真地決定把自己的一生與另一個人緊緊結合的時候，雙方之間就產生了一種默契。它決定誰奉獻什麼，誰獲取什麼——這是基本「交易」，包括兩個部分：經濟上的和感情上的。

一對傳統式的夫婦間的默契是——

男：我掙錢養活一家人（經濟契約）；並永遠忠於妳（感情契約）。

女：我不出去工作（經濟契約）；我照料孩子並滿足你的需要（感情契約）。

將這一契約修改一下就變成——

男：掙錢以我為主，以妳為輔（經濟契約）；我是家裡通情達理的一員（感情契約）。

女：我的工作將依附於你的工作（經濟契約）；我是家裡活潑任性的一員（感情契約）。

男：我是藝術家，不能指望我掙錢（經濟契約）。我能做到的是快活而情緒多變（感情契約）。

女：我掙錢（經濟契約）；我將做到情緒穩定（感情契約）。

更不平常的契約是這樣的——

一般說來，如果雙方契約都完好如初，夫婦關係便會一直保持融洽。然而很少有人能做到這點。如果契約的一部分（或經濟或感情）受到破壞，就得重新協商，不過通常不會影響關係繼續發展，如果默契的兩個部分都被打破，就困難多了。例如，如果一個傳統式的丈夫丟了工作，又因此失去自信，變得被動而沮喪，他便將經濟契約和感情契約統統毀掉了。維持著自己契約的妻子則會默默地哀叫：「這太不公平了！」

夏爾她如此地描述著：

在我的第一次婚姻中，契約是：我工作一段時間，然後生孩子，待在家裡做醫生的妻子。改變其中的條款是一回事；改變整個契約又是另一回事。我可以打網球——那倒無關痛癢——可是當我開始做生意，並且越幹越出色時，我改變了整個契約。這個男人無法應付這一切。我的成功導致了離婚。

問題就在這裡，一旦觸犯契約，成功和失敗都會導致關係破裂。

雖然契約千變萬化，正如關係不可勝數，我們選出了三種類型，以說明成功與失敗所產生的影響——

(1)男主女輔契約

(2)男主女附契約

(3)「平等」契約

2．男主女輔契約

四十三歲的唐納德忠厚漂亮，與藍眼睛的妻子芭芭拉真是天生的一對。他們是從小青梅竹馬、一起長大的。在小鎮結婚宣誓時，彼此達成的默契酷似那位部長的慷慨陳詞：「走向富有，遠離貧窮。」唐納德與芭芭拉相互許下諾言，雖然兩人都自信他們的生活將是：「走向富有。」芭芭拉還是準備在一兩次困苦時期給予丈夫感情上的支持。他們一起外出航海的時候（他們常去），他會對唐納德開玩笑說，如果遇到挫折，他們可以永遠生活在帆船上——她要跟著他浪逐天涯。身為一個牧羊人的女兒，她崇拜婦女運動，可是卻認為與自己沒什麼關係。

唐納德從空軍退役後，在一家地方電台裡工作。幾年間，他每天都自己撰寫、製作、播送自己的新聞。後來生了孩子，一連五個，他們又買了一幢大房子，用唐納德自己的話說：「生活幾乎是太安逸了。」他渴望有點新鮮的東西。

我這人身上遠有點利他主義，我想參加華盛頓的「大辯論」。我在這裡報導新聞，可是這與設計大辯論本身不大相同。我渴望進入知識界，我似乎看見在首都同某個參議員一起制訂政策的情形。

他帶著全家來到華盛頓。芭芭拉毫無怨言地將尿布、自行車和孩子塞進汽車裡。可是通向「大辯論」的大門緊閉著。唐納德最多只能當上一名傳播顧問，每天工作多達二十個小時，無暇顧及妻子和孩子，只是拚命掙錢付房租。

芭芭拉：我恨透了那段日子，我從沒對唐納德說過，因為說了也沒用。每當我想和他談談的時候，他總是不在，他總是在別的什麼地方。我記得那年我覺得自己根本就不是一個真正的妻子，我無止境地做孩子的母親，可是唐納德不在，讓我怎麼做妻子？

雖然她從未對他有過半句怨言，芭芭拉還是感受到一陣強烈的失落感——失落的不是金錢，金錢對於她從來就不是主要問題，而是她感到失去了輔助丈夫的能力。在他們傳統式的契約中有一部分就是唐納德要和她在一起，如果他不在，是任何數目的金錢

（天知道多少錢）也彌補不了的。

「幸福」公司的那份工作真是從天而降。「我們觀察過你，」他們說：「認為你可以勝任底特律公關部副總經理的職位。」唐納德簡直不敢相信眼前這份好運。他不僅有了高薪和保障，而且得意時簡直就自認為在為國家政策作貢獻呢！他過了七年的穩定生活，在第七個年頭，則開始輾轉反側，夜不能寐了。他剛過四十，也許就因為這個，也許是印度那場災難給他帶來了惡夢。不管是什麼，他發現自己越來越不能接受有關公司如何控制報社的決定了。

終於有一天，他被辭退了。

痛苦、震驚、憤怒，唐納德這個在牧場上長大、習慣了孤寂的人，決定獨自一人忍受失敗。

唐納德：我想到了祖父。他是俄亥俄中部的一個樸實的農夫，他一輩子駕著拖拉機耕了八十六年的地。他總對我們說：「只要你努力幹，知道自己在幹什麼，就能闖出自己的路子——闖出自己的路子，這才是最重要的。」於是，我決定要像祖父那樣——不對任何人多說，默默地闖出自己的路子。

我對孩子們說：「我不在公司裡幹了。」他們沉默了一陣。我盡力裝出不在乎的樣子，對他們說：「我們可以把壞事變成好事，別把這看成一齣悲劇。」

我相信一個男人得向全家表明他是勇敢堅強的。讓別人來分享自己的痛苦有什麼價值？把孩子也扯進來就等於給他們加上一道不必要的傷口。我想我獨自承擔了這一切。

唐納德的態度使芭芭拉產生了一種被遺忘的感覺。很少提出要求的她，開始乞求丈夫把一切都告訴她；唐納德終於向她傾訴了自己對將來的恐懼與不安。雖然沒有提出要在帆船上生活，唐納德實際上正使他們的契約受到嚴峻的考驗。直到現在，他提供給她的一直是「走向富有」的生活，如今她怎麼能適應「走向貧窮」呢？

答案是，在某種深層意義上，芭芭拉將丈夫的失敗視作一次機會，她終於能在這場婚姻中發揮自己的作用了。在最初的那些年裡，唐納德傲慢自足，當政治顧問時又整日在外，而現在，他回到了家裡，回到了她的身邊。隨著時間的流逝——三個月，六個月，唐納德接到兩份工作的通知，也拒絕了兩次，他要幹自己想幹的活——他不再每天去失業所了，他已寄出了所有的詢問信，只需在家裡打電話了解情況就夠了。芭芭拉在家重新點燃他的信心之火，陪他看電影、散步。儘管有些瘋狂，唐納德還是把這些日子看成是一段浪漫的插曲，芭芭拉也是。

芭芭拉：在那些日子裡，我們欣賞過的演出比結婚以來任何時候都多。有時散步時還玩了些小小的遊戲——就像誰能記起三年級時我們班同學的名字——都是些傻事。有時他著急著另找一份工作，我就會提醒他過去的那些緊張感——要禁止製造毒品可不容易——我會說他現在可以不必那麼緊張了。有時我們一起散步，我對他說些諸如此類的話，他會握住我的手。我們靠得很近，很近。

唐唐納德的失敗不但沒有嚇住她，反而帶給了她日夜企盼的時刻。在這樁最傳統的婚事中，她一直扮演著卑微無聊的角色，現在終於能走到台前來大顯身手了。他的財政作用一直是遙遙領先，如今該是她從感情作用中獨挑大樑的時候了。

唐納德失業後不到一年，就在底特律一家大銀行找到了一個公關部副總經理的職位。他常承認自己夢想著那隻與芭芭拉共度良宵的小帆船。從失敗的經歷中，唐納德嘗到了優閒的快樂。芭芭拉一如繼往地表示，要跟著他浪逐天涯。

男主女輔的契約一般不受男方失敗的干擾，如唐納德夫婦那樣，反而因為失敗而得到了鞏固。

3．男主女附契約

莫妮卡不是芭芭拉，而是個典型的依附於丈夫的妻子。

法蘭克為了同莫妮卡結婚，不惜犧牲一切，心甘情願讓前妻占據了房產、孩子、汽車和所有的積蓄。五十五歲那年，法蘭克知道了自己的優越性。他擁有任何男人都嚮往的兩樣東西：一個崇拜他的漂亮黑眼妻子，以及公司總經理這份充滿魅力的工作。其它的都不重要。終歸還是莫妮卡提供了房子——她離婚房產的一部分——如果說法蘭克對一件事堅信不疑，那就是他自己掙錢的能力。

四十五歲那年，莫妮卡的微笑仍然能使男人神魂顛倒。她結婚兩次，弄了張不動產執照，並不是因為有什麼雄心壯志，而是因為城郊的太太們在孩子離家後都那麼做。她沒有什麼事業心，結婚是為了尋求靠山。她認為法蘭克正是她要尋覓的人。他風度翩翩，又有一份好工作。

他們之間的默契是顯而易見的：法蘭克在經濟上和感情上都將是堅強的鐵塔。這種生活持續了三年。後來法蘭克的公司人員有了大變動。他一直以來的老板被另一個人替代了。那人讓法蘭克作出選擇：他離開時，要嘛一次把年金全拿走，要嘛分年支付。法蘭克大驚失色，但還是作出了決定。

下文摘自我們分別與法蘭克和莫妮卡的談——

法蘭克：我認為第一年自己表現得相對聰明些。莫妮卡和我的關係依然很親密。她很可愛，一個好妻子該做的，她都做了。她說：「一切都會好的，我知道很痛苦。我們彼此間一向是絕對坦誠的。」

莫妮卡：我害怕得發瘋，可是我得拚命掩飾。我的演技簡直可以稱得上是第一流的，我知道，你瞧，他現在最需要的是，我依然把他看成是「國王」，可是我心裡很難受，我不知道該向誰傾訴內心的恐懼。

法蘭克：我知道像我這個層次的人，要再找個工作很難，尤其是在我這個年齡，於是我想自己也許能當個顧問，便在家裡設了個辦公室，每天坐在辦公室裡，對我來說，它是一個機構的象徵。那年生意很不景氣。

莫妮卡：第一年他一點事情都沒做。我認為他是躲在角落裡舔著傷痕。我開始討厭他的辦公桌——他只是坐在那裡，等著一切從天而降。

莫妮卡眼前這個形象與當初娶她的那個法蘭克判若兩人。她不惜離開當時的丈夫投入他的懷抱，那時他性感，自信，滿腦子是對倆人未來的理想，她可以每晚蜷縮在他胸前講些愚蠢的房地產小故事，而她這些小打小鬧在丈夫騎士般的膽略前黯然失色。眼前這個法蘭克卻整日被動地坐在辦公桌後面，往日的「商業午餐」變了，莫妮卡得為他準備「三明治」——恐慌悄然襲來。

莫妮卡：我看著這個男人，對自己說：「他灰溜溜的，什麼也幹不成了，可是我還年輕，充滿朝氣。」在某年的歲末，我對他說：「看在上帝的份上，別這樣下去了——隨便找個什麼工作，不管什麼，有個活兒幹就行。」

法蘭克：第一年我認為不能隨便找個活幹，要在我的領域裡找個工作。莫妮卡的一個缺點就是，她一生氣，什麼話能刺傷你，她就說什麼。

到第一年年終的時候，他們力量的平衡關係轉變了。莫妮卡是家裡唯一掙錢的人。身為一個期望受到照顧的女人，她痛恨法蘭克使她處於這種地位。問題的核心是，她得面對一個新的丈夫形象，她暴跳如雷。

莫妮卡：我終於對他說：「別老待在辦公桌後面了！別裝大老板了！出去幹點活，什麼都行！不能把擔子都壓在我一個人身上。即使我可以做到，也不願看你這副模樣！我不需要老板——我要的是一個能和我共同生活的人。」

在莫妮卡眼裡，法蘭克犯下了不可饒恕的罪過：他變得像個娘們。

他們剛結婚時，法蘭克覺得倆人屬於同一種類型，都準備共同闖蕩最後三分之一的生命旅程；如今他經濟上的失敗暴露了他們之間不可逾越的鴻溝。

他們婚姻的默契坍塌了。法蘭克如果還想維持下去，他就得做點什麼。失業三年後的一天，他在地方報紙上看到一則廣告機構招收調查員的廣告，他去應徵了，那份工作與他三十年前的第一份工作一模一樣，其間他曾經營過一家大公司。

莫妮卡：法蘭克很不情願地把這消息告訴我。我想他在我面前一定覺得無地自容，然而上帝知道，我只感到鬆了一口氣。他說：「我想，與年紀大的人在一起的時間長了，就想和年輕人相處看看，所以選了這份工作，而且……」說到這裡，他的聲音沙啞了，他極力抑制住眼淚——「我想可以從中獲得點快樂。」

我把他擁在懷裡，說：「你會越做越好的，你相信嗎？」他說：「當然相信。」我們就這樣抱在一起。

如今法蘭克夫婦仍然在一起，但彼此的契約改變了。由於他在工作，雖然地位不高，但在莫妮卡眼裡重新有了一些力量，而她也能多表現出一些愛，可是她自己的形象則永遠改變了。

莫妮卡：我再也不滿足於用丈夫來衡量自己的成功了。如果明天生活有了大轉機，法蘭克成了百萬富翁，我也絕不丟掉自己的事業，因為現在它代表我自己——我的身分。

過去，莫妮卡不是輔助型而是依附型的妻子，不僅在經濟上和感情上依賴法蘭克，而且也包括自己的社會地位。在莫妮卡眼裡，這就是他們的契約；而法蘭克事業上的失敗及此後的一蹶不振，摧毀了它的基本條件。法蘭克最初失敗的漣漪影響，幾乎使婚姻破裂，這並非出於意料之事。

令人大吃一驚的是第二次漣漪的影響，那就是，莫妮卡在艱難的搏殺中，成了一名堅強的女性。

4．「平等」契約——三個故事

許多人都相信「平等」契約，卻沒有人對此作過具體分析。多數人認為平等契約意味著兩人具有同等力量，掙同樣多的錢。然而，真正的平等契約並非如此：它要求彼此給予對方追求事業的同等自由，不論選擇什麼職業，不論掙錢多少，彼此給予對方同等的感情支持，不論得意還是失意。不過，很顯然的，這很難做到。

一對夫妻可能開始時收入和責任相等。過了一段時期，他的事業起飛；她卻決定歇息一段時間來養孩子。又過了幾年，她重新開始工作，並一舉成功，而此時他卻面臨困境。婚姻就如這般向前發展著。平等契約並非一成不變，也不是一張機遇相等的契約，它允許大幅度的變動。

下面是三對自認為建立了「平等」契約的夫妻的故事——當失敗降臨，他們都揣摩各自願在多大程度上容忍愛人的「不平等」。兩對夫妻倖存了下來，第三對則否。

一、互相賽跑者

「我們沒戀愛就結婚了，」薇茜・卡德開誠布公地說：「我們幾年前才開始談戀愛的。」她說這話時微笑著，坦率而誠懇，一口純正的土貝羅話，地點是密西西比河西岸的紐約套房。卡德夫婦和成千上萬對年輕夫婦沒什麼兩樣，也是稀里糊塗地結了婚。不同的是，他們克服了重重矛盾與困難，設法重新商議婚姻契約，最後得以倖存。

薇茜和隆尼是在南密西西比大學認識的，那時薇茜正在隆尼的練聲課上彈鋼琴。他們結婚的原因更多是出自習俗與絕望的雙重驅使，而不是羅曼史。「有人想娶我，我真樂瘋了——我覺得自己長得又胖又醜。」薇茜說。

隆尼的話，則多少有些哲理。

隆尼：我們把自己看成古怪的人，並不滿足於密西西比和小城鎮，希望得到更多的東西，但又不具體明白想要什麼，我們都一口咬定不想當老師，儘管我們所受的教育就是為了將來當教師。我們認為不管怎樣，如果結婚，就會找到一條奇蹟般的出路。

於是，他們就結婚了。隆尼被分配到北卡羅萊納的布拉格要塞。就在那裡，他全靠運氣進了部隊裡的精神科醫生辦公室，隆尼頓時覺得大開眼界：「他們讓我做的事我原以為自己很難做到，可是我一下子就進入情況，醫生們還誇我幹得不錯呢！」隆尼又繼續做了三年。

薇茜原想在土貝羅一個教堂裡彈鋼琴，唱詩班時的鋼琴伴奏，結果在基地附近的一家夜總會找到了個演奏爵士樂的差事。他們在事業上不相上下。

隆尼的工作受到精神病醫生們的讚許，他決定攻讀博士學位，當一名精神科醫生。同樣的，薇茜受到來自紐約的一位專業戲劇導演的鼓勵，開始編織一場古老的夢——打進百老匯。卡德夫婦開始向北方的紐約進發。

他們的道路就此發生了嚴重的分歧。幾天的功夫，薇茜就當上了音樂指導。幾個月後，這個來自密西西比河的姑娘已在執導一部歡快的黑人歌舞劇了。她和她的片子即將打入百老匯。

薇茜：我剛來紐約的時候，只要有人讓我在隨便什麼演出中彈一首曲子，我就會驕傲地回到密西西比，那就是我的夢想。然而現在我卻在百老匯執導歌舞劇的演出——我簡直不敢相信。

與此同時，隆尼遭受了最慘重的失敗，他滿以為攻讀博士毫無問題，結果「哥倫比亞」、「阿德爾菲」和「紐約大學」都拒絕接受他，和他妻子一樣，他也「簡直不敢相信」。自從到布拉格要塞後，他一心一意希望獲得這個學位，除此之外，沒有任何別的計劃。他重新樹起的自尊垮掉了。他坐在套房裡望著牆壁。關於演出的所有評論都滿溢著對薇茜的讚譽之詞，而隆尼卻成了「家庭主夫」。他們原以為平等的經濟契約如今大多壓向了薇茜一邊，感情平衡也隨之消失。

隆尼：我變成了喋喋不休的「家庭主夫」。我會說：「怎麼這麼晚才回來？飯都涼了。」或是她回來時我已入睡，我對性生活已完全失去了興趣。

薇茜：我一開始甚至沒注意到他的沮喪情緒。我一頭埋在工作裡。後來發現了，我就繞著房子走來走去，希望他走開，他不開心，而我卻很快樂，我討厭他耷拉著臉的樣子。

隆尼：我開始毫無道理地找岔，比如我會說：「妳幹嘛非得選中那個歌手？」大多數社交生活都來自她的工作。她的朋友來到家裡會問我：「你從事什麼工作？」我就說：「我有幾門課要上。」之後，他們就轉向我妻子說：「薇茜，說說妳的下一齣戲。」我覺得自己是個令人乏味的廢物。

薇茜：他又無聊又冷淡，我膩透了。我覺得他把自己壓在我身上，靠我的工作活著。

——「平等」意味著什麼？這是隆尼百思不得其解的問題。

隆尼： 我本相信自己是這個胸襟寬闊的人——我可以給薇茜絕對的自由，她想幹什麼就幹什麼，可是一旦她如願以償——而且做得很不錯時——我卻根本無法接受。我成了一個十足的懦夫，一個膽小鬼。

在布拉格要塞他們結婚不久的那陣子，薇茜曾經想過要離婚，可是她忍住了——主要是因為隆尼會拿走一半婚禮的錢，而一個密西西比的窮姑娘，她一輩子都夢想著有金錢。如今她絕望得甚至可以放棄金錢。

一天晚上，她爬上床，關掉所有的燈，在黑暗中低聲說：「我要離婚。」隆尼的反應使妻子大吃一驚：他坐起來，打開所有的燈，宣布說他們要去治療。為了支付醫療費，他在銀行裡找了一份出納員的工作，薪水不高，薇茜非常感動。

原來使薇茜惱火的並不是丈夫的失敗影響到他們的收入——她完全獨自擔負起掙錢的責任，而是他垂頭喪氣，不思進取的態度。

薇茜：我不喜歡當家裡的主要掙錢者，因為我希望他也雄心勃勃。我希望隆尼一心想當銀行總經理，就像我一心想去百老匯一樣。

隆尼・卡德沒有當上銀行的總經理，但他現在是副總經理。他一直沒取得精神病學的博士學位，但在部隊裡精神科辦公室學到的知識，以及在銀行裡的醫療經驗，使他受益終生。

正值隆尼在銀行裡得到提升的時刻，薇茜承受著工作上的失敗，兩人的位置再次交換，但這時失敗對於他們已經無關緊要了。工作對於隆尼變得比對薇茜更重要。失敗迫使他們重審彼此的關係，在此過程中，他們更相愛了。

卡德夫婦如今已有了個小女兒，他們擁有了真正的平等契約，幫助對方做他或她最想做的事。這是個不斷變化著的契約，如涓涓流水般地綿延不絕。

隆尼：我希望有機會做孩子的母親，而不是永遠在外工作的父親。我們很認真地談過關於孩子離校前我退休的事。

薇茜：現在我喜歡當個自由演員，在家看孩子。不過，如果真有機會得到一份極好的工作，我想我們會認真考慮隆尼待在家裡而我出去工作的事。

失敗的漣漪影響之初，幾乎毀了他們的婚姻，而後來都大大加深了他們的感情。「我們好像是在賽跑，」隆尼愛憐地著著妻子說：「不是比賽，而是一場槓桿遊戲，棒極了！」

二、毀滅在成功中

杰里和愛倫的結合是一個猶太母親的夢想——其實是兩個猶太母親的夢想，因為在婚禮上很難說誰更激動，是杰里的母親呢，還是愛倫的母親。想想兩個法律系學生在密西根大學法律圖書館的書架前相遇並結婚——一個雙喜臨門的故事。

對方都認為這場婚姻建立在平等的契約之上：兩人都將通過法律考試，然後先在法律公司裡待幾年，預備期後都將成為掙得一份高薪的高級職員。成功是他們的宗教，他們篤信不移。在他們的心目中，平等意味著平等的成功。

麻煩幾乎立刻就來了。杰里比愛倫早一年畢業，但沒有通過法律考試。這本身並沒什麼了不起——法律考試許多人第一次都通不過。但就在同一個月，愛倫都接獲「密西根法律評論」任命的消息。杰里奇怪地想，自己怎麼不為愛倫高興呢？愛倫也奇怪地想，她怎麼也等杰里出門後才請朋友來家裡慶祝呢？杰里又開始準備考試。他們相互鼓勵說，一切都會好轉的。

一天晚上，愛倫正準備第二天的考試，門鈴響了。四個朋友拎著幾瓶葡萄酒站在門口，是杰里請他們來吃飯的。「我跟妳說過，」杰里注意到她吃驚的神情，便說：「妳自己忘了，我認為休息一下對妳會有好處。」愛倫勃然大怒。她不得不熬夜去參加第二天的考試，結果考得很好。她依稀覺得杰里是否存心跟她搗蛋，可是這種想法太不近人情、太不忠實了，她強迫自己驅散它。

下一個月，這種情況又出現了，也是在一次大考前。她正伏案準備集中精神復習，令她驚奇的是，這時丈夫搬起東西來了。他說：「東西太亂了，正好有時間，機會難得，趁此搬點東西出去，房間裡可以空一些。」他們那天吵了很久，吵得很凶，愛倫的溫書時間全泡湯了。

杰里通過了第二次法律考試，但工作並不理想。愛倫安慰他說沒關係。她正找到了一個為法官做書記的工作，將來準能升遷。他們倆在一起沒問題。

但她婆婆並不同意，她說愛倫最好故意兩次考試不及格，好讓她兒子舒服些。她拉長了聲音說：「你知道，男人就是這樣。」

結果呢？愛倫和杰里結婚不到兩年就離婚了。

愛倫：我意識到他並不是真心希望我們平等。他想讓我做待在休旅車裡的近郊妻子，而他可以吹噓說：「我妻子比你的好，因為她有法律學位。」我的成功是一種雙重威脅：不僅我成功了，而且他失敗了。如果情況恰好相反，就不會有什麼問題。在我們這個社會裡，女人可以垂頭喪氣地回到家裡，男人會說：「這沒關係，寶貝。」反過來可不行。

——如今愛倫成了一名難得的好律師，然而她也付出了相當的代價。

愛倫：看看我們當中那些最有才華的人。許多女律師都是單身女人，我們犧牲了丈夫和孩子，而男人中的佼佼者都結了婚，有了孩子。為什麼要把成功融於生活之中，對於我們是如此之難？

愛倫納悶，平等契約怎麼了？

三、謝洛夫夫婦——董事和警察：真正的平等契約

艾麗絲・謝洛夫是底特律《該隱通訊》的銷售董事；諾曼・謝洛夫則是個警察。艾麗絲負責二十六家商業雜誌的銷售，偶爾也會碰到些麻煩；諾曼除了驚心動魄的警察生活，還搞點副業——賣銅護手和防彈背心給警察局，他唯一擔心的職業病是「飲彈中毒」。雖然艾麗絲掙的工錢雙倍於他，平等契約卻在此暢行無阻。他們互敬互愛，願意幫助彼此做對方願意做的事，以達到經濟上和感情上的完滿。

諾曼會說，這都是在唱高調，他和艾麗絲從來不談這種事，事實正是如此。他們不是大談感情的人，一切都不言而喻。

艾麗絲：他總是站在我這一邊，如果我生氣，他也會生氣。他關心我所關心的一切，他總是站在我這一邊。

他們剛結婚時，諾曼正從海軍退役，在拉保險，艾麗絲已大學畢業，在哈德森百貨公司裡工作。他滿以為她會做個「職業婦女」，而自己會當上保險董事。兩人都掙得一份相差無幾的薪資。雖然表面上看來，諾曼做得不錯，其實他是個典型的「潛在的失敗者」。保險工作整天就是賣呀，賣呀，賣呀，就像他自己說的：「你今天是個英雄，明天也許就成了叫化子，一切又得重頭開始。」他討厭這種令人喘不過氣來的生活，最後得了潰瘍。這位貌似成功的保險跑腿，如此描述著自己的內心情感：

諾曼：我剛退役那陣子還滿像回事的，但現在的情況糟得就像我的身體一樣，我變得沮喪而暴躁。剛結婚那陣，我好幾次用拳頭砸穿了牆——盡幹那種事。

當醫生讓諾曼換個工作，幹點兒他喜歡幹的事時，諾曼承認說，他一直就想當一名警察。艾麗絲愛的不是諾曼的社會地位，她對這一決定拍手叫好，她認為諾曼因此有機會換個環境，生活得更幸福。同時，她因懷孕而離開了哈德森公司。突然之間，諾曼得靠這份警察的薪資養活家裡的艾麗絲和一個小孩，他懷疑自己是否做了件錯事。

諾曼：那時我才真正嘗到失敗的滋味，因為我不能拿出一份像樣的家庭收入。我記得帶著花生、黃油、果子凍、三明治去警察學校，有時還沒有果子凍，只有兒子和狗吃得還好些。我體重下降了。我很沮喪。

如果說在諾曼自己眼中，他承受著經濟上的失敗，艾麗絲則是承受著感情上的失敗。根據他們的平等契約，應該幫助彼此實現自我，所以得採取點行動，結果還是諾曼開了頭炮。

艾麗絲：諾曼見我悶悶不樂，就說：「妳最好把牆上都貼上壁紙，搞點裝飾什麼的。」於是，我整天都泡在漿糊堆裡，看傷感的日間肥皂劇。他在報上「男性幫助弱者」欄裡看到一則廣告，就說：「這就是妳——敢闖敢幹的年輕人，做自己的主人吧！」

在丈夫的鼓勵下，艾麗絲重新開始工作。他們的收入再次達到基本平衡，家庭總收人急速增加了，兩人的生活更加幸福。

諾曼：她一開始工作，我們處得就好些。我想她待在家裡會發瘋的。而且要出去工作，她也就得修飾打扮，同時顯得更迷人，她就不必總是穿著浴袍看電視了。

三年前他們的平等契約經歷了一次考驗。艾麗絲榮任銷售董事，收入雙倍於丈夫，而且結識了許多社會名流。具有諷刺意味的是，此時，諾曼在警察局卻「停滯不前」。然而，他們兩人是如何處理這一切的呢？

諾曼：我喜歡艾麗絲的朋友，並不覺得跟他們在一起有什麼不安的感覺。我也出去參加聚會。我並不是真的那麼愛警察，警察聚會的時候，男的總是談論最近一個案子，女人們則談最近出生的孩子，乏味極了。我更喜歡她的朋友。

艾麗絲：諾曼在工作上沒長進，我為什麼要覺得尷尬呢？要是我們換個位置，他就不會有這種感覺了。

祕訣是什麼？在處理成功與失敗的問題上，赫爾德夫婦沒做到的，謝洛夫夫婦怎麼做到了？而卡德夫婦卻差點離婚？他們互敬互愛，這是一點，但更重要的是，謝洛夫夫婦將經濟生活與感情生活區分開來了。諾曼的總結妙極了。

諾曼：艾麗絲具有三重個性：家庭個性、董事個性和小女孩個性。她要在我面前施展董事個性，就去她的吧！

艾麗絲在工作中可以為所欲為，那關係到他們的謀生，但在親密的家庭關係中，艾麗絲和諾曼都摘下了工作面具。董事艾麗絲成了小女孩艾麗絲；低薪警察諾曼成了堅強富有的丈夫。

諾曼憐愛地看著妻子說：「艾麗絲賺那麼多錢，我覺得棒極了。幹嘛不呢？我正想買條新船呢！」

我們很多人都將工作個性帶進家庭，讓經濟契約侵犯感情契約。謝洛夫夫婦靠本能做到的一切我們都沒能做到。如果將兩者區分開來，夫妻雙方就能少受失敗和威脅，更善於享受彼此的成功。

5．孩子和癲狂點

成人失敗對於孩子的影響可以用「癲狂點理論」來加以說明。每個家庭都有一個固定的「癲狂點」數。成人和孩子都有一定的癲狂表現，但關鍵是，如果家裡有一個人遭受打擊，其他家庭成員則會立即將各自的「癲狂點」轉移到他身上，從而成為神志極為清醒的典範。例如，媽媽鬱鬱寡歡時，孩子就不再吵鬧。

一個治療學家講了路易斯的故事。他原是一家大銀行的經理，失業後整日在家悶悶不樂。他一反默然順從的常態，占據了家中的首位，將全家的「癲狂點」集於一身。一天，年少的兒子突然「癲狂」發作，比他還厲害，根據「癲狂點理論」，路易斯頓時振作起來。孩子的「癲狂」行為比治療家的談話有效得多。

幾個星期之內，路易斯就找到了工作，而且毫無疑問，兒子的「癲狂」插曲，也從此沒有再現。

以上這個故事，是漣漪效果波及到孩子的一個極端的例子——說它極端，是因為很少有孩子會對父母的失敗作出「癲狂」反應。然而，孩子是家庭戲劇中敏感的參加者，要想他們不受父母緊張感的絲毫影響，未免太天真了。

失敗可以成為一種傳染病，不僅影響孩子，也影響所有的近親關係：丈夫、妻子、孩子、情人，無所不及——除非你意識到這一問題，並學會控制它蔓延。

6．限制漣漪（擴散）效果

如何限制漣漪效果？保護你所珍視的關係的最佳辦法是什麼？

1．注意你正處於「癲狂」時期，特別要注意你的行為規範。

分析你的情緒來源。如果有一天你氣沖沖地回到家裡，踢了狗一腳，狗對著你直叫，你很可能就想，如果沒有那條狗，生活就會美好起來；其實問題不在狗，而是你最初的憤怒。

2．分析一下你們實行的是哪一種契約。

如果失敗可能毀掉這份契約，那麼就請你與你的配偶把問題擺到桌面上來談，也許需要重新協商你們之間的契約。

不要使個人生活有太大的變動。在事業上失敗的人很容易在其他方面也立即「採取行動」。要控制住自己。你事業上已有了變動——不要使親人和家庭也發生變動，你也許以為自己表現得很理智，其實不然。

3．饒了你的配偶。不要朝他（她）發泄你的情緒和煩惱。

去找失業顧問、醫療家、好朋友，只要他（她）能持客觀態度。雖然你希望和配偶分享一部分感情，但把一切煩惱都壓在他（她）身上，這是不公平的。坦白地說，這種做法令人厭倦，不會增進浪漫情調。

4．要誠懇地面對家庭。

一個失業的男人對妻子說：「我要摘下成功的面具，沒有它，我覺得自己很脆弱，但在一段時間裡，情況就得這樣。」妻子一點也不覺得害怕，反而因為丈夫的誠懇感到無比的高興。沒有比沉默更可怕的了，杰里和愛倫因此分手：他們從來沒有談過，干擾他們的到底是什麼。

在這方面處理得最好的要算是股票經紀人約翰·菲力浦了。他四十九歲，那年被迫放棄紐約一份薪水頗高的工作，來到新英格蘭，在一個小小的辦公室裡一切重頭開始。當時他有四個孩子，最小的十三歲，最大的二十歲。

我召集全家開會，對他們說我得離開公司了，並將來龍去脈講得清清楚楚。我告訴他們收入會大大減低，我說此時此刻，既然前途還處於一片朦朧之中，我無法對他們作出什麼保證，我的哲學是，如果讓他們受到一份好的教育，就是給了他們一切。他們什麼也沒問，默默地流著淚，一個個走過來和我擁抱。

此後一個多星期，我又找每個孩子單獨談話。大女兒坐在我膝上說，我是個好爸爸，把重要的東西給了每一個人。他們的支持令我非常感動。

漣漪效果對大多數人來說是個反面力量，它破壞現存的關係，然而也可能促進家庭團結，成為一股正面力量。菲力浦的故事就是一例。

有人曾說悲劇有兩類，一類是不能如願的悲劇，一類是如願以償的悲劇。成功和失敗都使過去的契約受到瓦解，並促使它調整。二者都帶來漣漪效果，不可忽視。

我們都不能逃避變遷，變遷則必然引起調整。但是，如果我們注意自己，控制自己的行為，坦誠地面對他人，變遷的效果就不會如此痛苦。關鍵是要了解現狀。一旦我們有所意識，就有機會幫助彼此度過困境。

4．「失敗」對男女有別

聽到「失敗」二字，男人最初的反應是：死亡——破產——完蛋；女人卻是羈絆——女性——典型。涉及到「成功」，男人會用：強大——富有——光榮；女人卻想到驚奇——夢想——孤獨。

我們在不同城市組織了小組討論，每次邀請八至十位，他們性別相同，都曾經歷過失敗，並且很有成就、男人們願意和我們單獨談論失敗對個人生活的影響，但一旦得知得面對其他男人說出「失敗」一詞時，就畏縮不前了。男女之別由此可見一斑，但還不僅限於此。

我們透過採訪，大致總結出以下幾個要點。

許多女人「失敗」後考慮要退出工作，而幾乎沒有一個男人失敗後會產生這種想法。有的女人是為了生孩子，有的是為了照料孩子，有的則為了告別「殘酷的工作」。

無論如何，許多女人失敗後，要嘛再也不出去工作，要嘛很久以後才會再重新出發。失業一年之內，她們都會成為母親。

不是為了做母親而退出工作的單身女性，照樣也會拋棄工作市場，至少暫時是如此。「工作如此野蠻，如此殘酷，如此激烈，如此不尊重人性，我真想一走了之，再也不回來。」三十二歲的黑人銷售經理喬安娜說，她在被辭退的一年裡，寧願待在家裡，也不想再回到那個曾經使她備受凌辱的競技場。

廣告機構的財政經理艾琳娜被辭退後，她說：

> 我筋疲力盡，一想到要再回去工作就害怕。起先我認為得回去，後來又想，為什麼？為什麼不休息一段時間？我想養精蓄銳。我有點積蓄，於是開始去博物館、讀書、走親訪友。我暫時沒什麼罪惡感。

雖然接受我們採訪的許多女人沒有經濟選擇——她們不得不工作——與男人不同的是，她們感覺自己還有社會選擇。拋棄工作並不會使她們成為被社會遺棄的人。

即使男人擁有積蓄，或者妻子可以供養他們，也沒有一個三十歲以上的男人會考慮不工作，即使是暫時的。這位先前的政論家最近自己開了一家餐館，他說：

還記得杜朗嗎？那場拳擊比賽進行到一半時，他被打得落花流水，便舉手投降了。讓我告訴你，他從此完蛋了——人家都恨他，朝他發出噓聲、吐唾沫。被打敗了，不能一走了之。

關鍵不僅是社會輿論問題，還有對失去性別身分的一種恐懼。對於男人來說，不工作就意味著女性化。絕大多數女人失業後仍回去工作，但至少社會與她們自身的性別都允許她們可以不工作。

1．失業之後

——失業後重新工作的男人，是強調自己的「陰柔」之氣。

——失業後重新工作的女人，則強調自己的「陽剛」之氣。

彷彿如夢初醒般，眼前是自己失去的個性。曾經整日待在辦公室的男人，剎那間變得「無家可歸」，此時最令他們感激的是友誼的撫慰，於是第一次對那些被自己拋在腦後的人們產生了負疚感。曾經一意孤行的男人，從此開始側身聆聽他人甜美的聲音。

從古巴到大峽谷，曼尼一生從未有過絲毫脆弱的表現。然而當他創立的電腦公司倒閉後，友誼感動了他，產生了他意想不到的效果。

曼尼不久就新開了一家公司，他說：「以前，我輕視別人，我是老板，這是我第一次傾聽部屬的意見。」

好萊塢的製片主任被辭退後感到自己成了世上最孤獨的人，於是致力於友誼投資，並一改原先勾引女明星的輕浮態度，開始嚴肅地面對婚姻。

接受我們採訪的其他男人幹起了烹調、園藝以及收集貯藏葡萄等等。孩子們幾年前只是親切的陌生人，如今成了快樂的源泉。

「孩子一天天的變化這麼大！」這位銷售經理在孩子一歲時曾對她漠不關心，如今他說：「我如果出去工作，會想死她的。」妻子看著這位第一次發現奇妙家園的中年哥倫布，不禁喜上眉梢。

失敗似乎迫使男人面對自己「陰柔」的一面，而他們往往能從中受益。

然而，女人都將失敗原因歸於自己的陰柔之氣，就像這位三十五歲的公關經理說：

我一直盡力做到面面俱到。要是有部屬不工作，我永遠持理解的態度。我寧願讓別人彌補自己的過失，也不採用開除這種令人不愉快的做法。結果我這個團體是全公司最平靜、最快活的。他們都愛我，直到我被辭退。

這些女人說，他們吃夠了討好別人的苦，該是強硬的時候了。家用器皿公司的副總裁對待她的男性同事絕對坦誠，結果是他獲得升遷。自己卻名落孫山。

你想知道我從中學到了什麼嗎？我明白了工作就是戰爭。如果你參加戰鬥，就不要將弱點暴露給別人看。絕不要對你的同事推心置腹。如果可能，就擺出笑容可掬的姿態，但該強硬的時候就要強硬。

這些女人提出了一個信條，將感情與工作隔離開來。去辦公室尋找金錢財寶，回家尋找愛與同情。

2．女人的韌性

奇怪的是，在多數情況下，女人比男人更容易處理事業上的失敗。

女人的生活支柱有許多，男人卻只有一個——工作。所以他們一旦事業失敗，就感到不知所措。

精神科醫生蓋林指出：「男人自殺，更多是因為失業，而不是因為失去妻子或孩子。」這些男人可以忍受離婚，因為婚姻不是他們身分的源泉。家庭賦予他舒適和營養，而代表他們身分的卻是工作。失業則摧毀了真正的自我意識。

女人更容易葬身於婚姻的破裂之中。對她們來說，婚姻是安穩與身分的第一源泉，從工作中只是吸取額外的營養。

女人與男人相比，還有一個優勢：她們更易於表達感情，完成失敗階段也就更迅速。芭蕾金聽說自己被辭去編輯工作，她說：「我難過極了，好像大火焚燒著全身，我只好回家撲倒在床上哭個痛快。」她們不羞於讓別人知道自己的失敗。

男人們做法卻恰好相反。他們極少向別人吐露真情。費爾原是位流行歌手，後來成了房屋承包商，他與最好的朋友杰里一起參加了我們的會議。隨著夜幕降臨，費爾不無尷尬地談起了自己拋棄當歌手的夢想時，有多麼沮喪。他承認，房屋承包商這份工作對他來說意味著失敗。杰里深受感動，也談了自己的遭遇，他曾在一次不動產交易中丟了好幾百萬。「我感到體力不支，似乎站不穩，我知道自己就要倒下去了。」

房間裡一陣沉默。後來費爾轉向杰里，問：「我們認識這麼多年了，彼此卻從未提起這些事，怎麼會這樣呢？」

看來男人的確是獨自承擔悲傷的。成年男子失敗後忍受著雙重痛苦——失敗的沉重打擊和令人窒息的感情孤獨。

有一部分男人並不在此範圍之內，他們有意識地多方面發展自己，尋找多種支持，他們屬於「富於表情型」。包括三十五歲以上的男人和小伙子。

前任國會議員，現任紐約大學校長的約翰・布拉得馬和許多具有藝術性和創造力的人一樣，都是屬於「三十五歲以上的男人」這類。與其他人不同的是：約翰・布拉得馬擁有多項支柱。

我是誰？是基督徒。是美國人。希臘血統。盎格魯•薩克遜新教血統。我的生命中有「巴黎聖母院」，也有「聖母瑪麗亞」。我是公立學校的產物，畢業於哈佛。當過國會議員，相信民主政治。

這一豐富的自我解釋使他得以應付失敗。他經歷了兩次選舉失敗後才當選為國會議員，接著又在競選參議員時再慘遭痛擊。在整個過程中，他能將自己的身分與行為區分開來，這是他的同代人難以做到的。

「富於表情型」的另一部分是三十歲以下的小伙子。當時他們正趕上婦女解放運動，從中總結出一條明確的教訓，既然在工作領域上男女平等，在感情領域也應如此。在這一哲學的指導下，小伙子們比父輩更輕鬆地表達感情，也更情願將工作只視作自身的一部分。

從前，女人更易於處理事業上的失敗，但隨著男人意識的更新，一切都在不停地變化當中。

3．男女的差異在哪裡？

在我們的社會中，成功和失敗對女人是道德評判，對男人是遊戲結果。男人視工作如戰爭。這裡允許突然襲擊，侵略蠶食，你得處處設防，聯盟必要卻不永久，最終得獎的還是勇敢的個人。這是一次規模龐大的遊戲，失敗必使你傷亡慘重——正如一切遊戲一樣——輸贏與道德無關。即使遊戲變得卑鄙，也不會在道義上激起男人們的憤怒。

風流倜儻的艾爾曼，早年曾說服芝加哥的投資金融公司讓他在紐約開家國際分行。分行日益興隆，總部提出合併它，並讓艾爾曼搬回芝加哥，公司的這項建議遭到他的拒絕後，便開除了他。

也許你會說，他們搶走了他創立的分行，還解雇他！太不公平下！艾爾曼本人卻絲毫沒有這類怨言，此事雖然令人惱火，但對他來說，決不是什麼不公平或不道德，不過是場遊戲罷了。

聽聽女人是怎麼說的吧！一位年輕的政論家被辭退後說：「我之所以哭得這麼傷

心，是因為我弄不明白，為什麼善無善報？」

比她年長約三十歲的波妮，也有同樣的反應。

> 我一直以為只要正派、善良、為別人著想、理解他們的難題，他們也會正派、善良、理解你的難題。結果我發現自己完全錯了。現在我認為，工作上成功的唯一途徑，是當個最下流的婊子。

著名的女演員芭芭拉，談到她早年的挫折時說：

> 我家四代都是軍人，我從小受的教育就是：只要你配得上那份榮譽，就能得到它，世界上是有正義這種東西的，但事實並非如此。我找不到正義，在戲劇和電影中奮鬥尤其換不回公平，這是最令我費解的事。

如何理解這種道德痛苦？隱藏在這一煩惱背後的是什麼？

南茜的故事很有啟迪意義。

她是位記錄片製片人，曾攝製了一部調查伐木工業的記錄片，此片獲獎並引起政府有關立法條文的變動，這是她最大的成功，同時她也視作是自己最大的失敗。她獨自完成了所有的工作，但那位鼓勵她投身於此片的上司卻搶走了一大半榮譽。南茜忿忿不平，感到極為震驚。

當我意識到在我努力攝製這部呼籲正義的片子時，他如何利用了我，我真覺得毛骨悚然。我在拍電影，他卻在想榮譽。

她怨恨自己為他人所利用，這是不言而喻的。但更為複雜和有趣的是，她認為道德上付出多少，就應得到多少道德上的報償，這是婦女特有的想法。

從她老板的角度來看：他當然想的是榮譽，他一向將出人頭地視為正當目標，這在絕大程度上是取決於別人如何看待他。所以，在對影片質量感興趣的同時，他也熱切地關心這部片子，會對他自身帶來什麼好處。

南茜從小受的教育則是將自己視作社會團體的一員，而不是獨立的成功者。身為女兒和姐妹，她關心的應該是整個家族的榮譽。她仿效的典範是母親，一心為了全家的利益，將個人得失置之度外，為了全家幸福作出種種妥協。衡量她是否成功的標誌，決非個人的光彩，而是全家的幸福。

南茜和其他許多婦女一樣，都不知不覺地將母親典範融於工作之中，這在美國是萬萬行不通的。母親因為無私地獻身於家庭而得到報償，但在工作中卻只有自私才能得到報償。在家裏只要善良、正派，就會得到愛。工作上善良、正派，這很好，可是要被喜愛、被提升，你就得幹。而且你受喜愛的程度取決於你幹了多少，而不是你的品質。工作更看重表現，而家庭更看重品性。公司的稱讚和家裡人的稱讚大不相同。

不幸的是，女人往往將兩者混為一談。

公關經理凱特卻常把身邊的男人弄得狼狽不堪。套用她同事的話說：「她跟這裡別的女人不一樣。」凱特學到了幾條簡單的真理。

> 成功是場遊戲。競爭是場遊戲。金錢是場遊戲。我喜歡混在裡面冒險。我喜歡他們在這個保守的老年人似的世界裡不斷提升我。女人由於受自身條件限制，總是談論自己如何努力工作，如何竭盡全力。得了，這些都不管用，關鍵並不在於妳如何賣力，任何手段只要行得通就成。

不是所有的女人都能像凱特這樣改變自己的道德觀，以適應這個男人統治的遊戲戰場，有些婦女不能容忍大公司的倫理規範，紛紛投奔一些規模較小，由婦女主辦的企業。如今美國的女企業家正迅速崛起，在很大程度上是源於婦女對男性企業中成功倫理的不滿。

在成功或失敗的問題上，由於性別產生的差異在年輕人身上更為少見。

在三十歲以下的這一代年輕人心中，正掀起一場無聲的革命。他們將精神價值轉移到工作場所，從而促使了一種新型工作倫理的產生，在此，個性滿足取代了物質需求，成了工作的原始動力。

年輕人不論男女都信奉這種哲學。年輕人也開始像所有職業婦女一樣，尋求工作以外的其它支柱。

有一對波士頓夫婦，男的是報社的撰稿員，二十九歲，女的是製圖藝術家，二十八歲，他們有個孩子，卻因工作之故很少見到自己的孩子。「有一天我們互相凝望著。斷定我們都瘋了！我們之中的一個——我想是我，」父親說：「必須斷然結束了這種狀況。」他們拋棄了「成功」的事業，抱起孩子，搬到鄉下去了。他如今是個自由作家，她則幫書籍畫插圖。收入少了，換來的卻是更多的滿足。

哈佛商學院的赫林格教授明顯地注意到年輕男女的價值觀日益趨近。當今，越來越多的男人說：「我要休一年假。」過去的人可不能這麼做，因為他的同事會說他酗酒什麼的。如今，男人們越來越不忠實於工作，都越來越忠實於自己。兩性革命使男女都擺脫了桎梏，從而更加強大。

照道理講，年輕男女生活在一起，可以成為彼此感情和經濟上的依靠，那就不必再將失敗視作劫難了，失敗只是冒險的結果，這才是它的真實面目。

第二部

如何重新塑造自己？

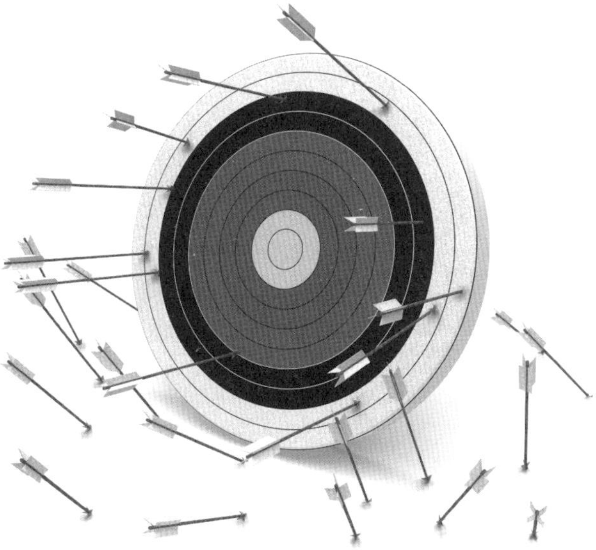

有一天，當你走出堆滿家具、衣服和記憶的老房子時，門卻「碰」地一聲關上了。你衝回去試圖將它打開，但已經晚了——門鎖上了。你轉身發現眼前有個空蕩蕩的房間。怎麼辦？此時你正沉浸在震驚、恐懼、責備和羞愧之中，無暇顧及這空房間，只是一味地盯著那扇緊鎖的門，思念那套老家具和一去不復返的「過去」。

悲哀終將過去，而你會轉身審視眼前的空房間，最簡單的辦法是把老家具搬進來——重複過去——但不是非得如此。你處在一個選擇的關頭：雖然你感到害怕，也許此時是該拋棄破舊的老家具，換個花樣的時候了。

徹底公開失敗是最痛快不過的事了，你沒有退路，也無需顧慮，可以自由自在地重新塑造自己。

——什麼叫重新塑造自己

我們最近在紐約偶遇汽車司機安東尼。他一邊握著方向盤在擁擠的車流中穿梭，一邊對我們說，他根本就不是開車的，而是個代理人，年薪四萬美元。失業後將近一年裡，他四處尋求一份年收入四萬美元的代理人工作。他甚至拒絕了每年三萬美元的好差事，因為他覺得那意味著「降格」，所以寧願開車繼續尋找。他承認如今夫妻關係因此受到影響，但他仍然堅持己見，不肯屈尊，他三番兩次企圖恢復自己的代理人形象，即使不成功也不肯放棄，結果毫無進展。

我們許多人都像安東尼那樣，將自己束縛在過去的形象裡，我們之所以這樣做是因為我們自認為別無他法。其實我們仍有其它選擇的，只要願意嘗試。

聰明人多次碰壁後會考慮「換個花樣」，而不是像安東尼那樣固執。

重新塑造自己就是發現選擇機會，決定發展方向，努力實現目標的過程，是重新駕馭自己生活的過程。它包括四個階段——

(1) 分析錯誤，避免重犯。

(2) 重新解釋你的故事。

(3) 給自己貼上新的標簽。

(4) 擴大選擇範圍。

5．失敗的主要原因

失敗的原因看似千變萬化，其實正如成功具有一定的模式，失敗也一樣具有一定的模式。失敗的原因往往不像我們列舉的那樣輪廓鮮明、但也許你能從以下的九個模式中，找到自己的弱點。

1．缺乏交際才能

多數因為這個原因而失敗的人自己卻不知道，他們總是說什麼「辦公室政治」使他們摔了觔斗，而「辦公室政治」實際上指的就是——辦公室裡的人際關係。

交際才能也可稱作「社交知識」。你可以擁有淵博的學術知識，但仍然成不了聰明的人。社交知識包括：

(1) 待人不要淡漠。
(2) 善於聽取話中之話。
(3) 善於提出和接受批評。
(4) 情緒要穩定。

狄克在五年裡沒有做到以上的任何一條，第三年他的公司就倒閉了。他白手起家，創立了一家實業電影公司。三十出頭時，正當他傲慢自信，不可一世的年華。他雇用了十個人，他們崇拜他的才智，卻痛恨他的個性。

好在當時他獨當一面，有失民心也無關緊要。畢竟，決定拍什麼電影的是他，出錢的是他，負責銷售計劃的也是他，雖然他無情地驅使別人，他說：「我對別人嚴厲，對自己更嚴厲。」

實業電影衰敗後，一切都改變了，如果還想幹下去就得公開攝製電視電影。從劇本到製片，如今都有求於人，電視台的大人物可不是些俯首聽命的人。

電視台駁回了他為第一部影片推薦的五位導演，這下就麻煩了。他打電話給負責電影的副董事馬斯頓，對他大發雷霆。最後，馬斯頓責備他起用第六位電視台指定的導演，狄克對此大為不滿。

結果這位導演既是個外行，又自由散漫，超過合同預算的開銷都得由狄克自己支付，而這位導演的行為無異於在浪費他的金錢。

他可以提出正當的抱怨，但卻沒有冷靜地向電視台擺明姿態，讓他們明白這對彼此都是個問題，而是犯了三個不可饒恕的交際錯誤。

首先，他大聲將這個導演斥責了一番，給自己造成了敵對局面，破壞了團體感情，並浪費了半天的拍攝時間。

第二，他打電話給馬斯頓，針鋒相對地提出要辭退導演。他一手挑起了這種「你死我活」的局面，弄得兩人都下不了台。馬斯頓指出，這個導演是老板的好友，不能辭退，但他卻未領會言下之意。

於是，他犯下了第三個致命的錯誤。他直接打電話給馬斯頓的老板，就此結束了在電視台的工作。老板堅持起用這位導演，但同意如果開支超過預算，電視台會負責。

狄克相信自己處理得很漂亮，就在他掛上電話，自以為得勝的時候，電視台的副董事長正將馬斯頓叫進辦公室，明確地告訴他再也不要與狄克這種人打交道了。

我們的多數工作中包含著交際，而誰也不喜歡難以相處的人，這是最簡單的事實。

費伯格是位極受尊重的行政顧問，他說：「如果你傲慢冷淡，把別人當作工具，他們遲早會讓你栽觔斗的。」接著，他講了下面這則軼事：

那天，我正在甘迺迪機場把高爾夫球袋托運到邁阿密去，突然看見身邊一人對著搬運工大吼大嚷，罵他是龜孫子，把他弄得非常難堪。後來我走過去安慰搬運工，並稱讚他沒有反過去朝那人大發脾氣。他抬頭看了我一眼，說：「我不過是個基督徒。」接著又笑著加上一句：「那人，他要去邁阿密，不過他的行李是會跑到卡拉馬佐的！」

狄克對待部屬，正如那人對待搬運工。搬運工將行李發往卡拉馬佐，以此進行報復，正如馬斯頓從此不再給予狄克任何幫助一樣。

這就是有關事業的一個祕密。對於成功，社交知識往往比學術才氣重要得多。在具體表現上，人人都會犯錯，就看你如何處理了。具有高度社交知識的人會承認錯誤，而不是憑個人感情行事。他們也許並無什麼才華，但直率、隨和、容易相處，便深得大家的喜愛。

交際才能差的人卻不願接受批評，他們脾氣暴躁，反覆無常且不負責任。結果自然是一敗塗地，然後就抱怨說在這個世界上沒有一個人喜歡他們。

有時一個人的交際才能差，會表現在妄自尊大上。幾年前華爾街投資公司的一個紅人犯下了一個愚蠢的錯誤，由於對老板縮減職員的命令不滿，他舉辦了一次記者招待會，對公司管理提出批評，他滿以為自己是個刀槍不入的神人，集團工作的普通規則對他不適用，結果恰恰相反，他立即遭到解雇，不得不在此後的一年裡重新學習謙卑。

應該對你的交際才能作具體分析。有人很難與上司打交道，但與屬下們的關係卻處理得恰到好處。有人能聰明地應對上司，對屬下卻傲慢無禮。還有像狄克那樣的人，對任何人都毫不理會。提高社交知識的第一步就是找出自己的薄弱環節。在這一點上，職業顧問或好朋友都能給予你有效的幫助。

一旦找出問題，你就面臨兩種選擇：找一個不重視社交的工作或是改變自己。改變決不是件易事，我們往往被封閉在自己的行為模式裡，但第一步是承認，往後就去找專家，或者通過長期不斷的努力，去吸取社交知識。

有人說成功者與失敗者之間只有兩個區別：成功者絕對正直並理解他人。正直在此並非僅僅指誠實，也包括相信人們是可靠的，理解意味著洞察他人的真實情感和需要。

我們天生擁有一定基礎的智力，但社交智慧卻不是與生俱來的，而是後天努力的結果。這不是件容易的事，但社交智慧，就像法規一樣，是可以學得來的。

2．不搭調的情況

最大的成功是要求你的能力、個性、風格、價值觀與工作環境的文化相吻合。

以下是個關於茜兒薇的例子。她辛勤準備了兩年的博士論文結果沒有通過。導師的評語是：過於「艷麗」。茜兒薇一連消沉了幾個月。突然有一天她有了主意。為什麼不去找個珍視「艷麗」作品的環境？「艷麗」並不一定就不好，只不過不受學院派的青睞罷了。她後來成了一名深受歡迎的廣告撰稿員。

你也許正在經歷以下幾種「不搭調」的情況——

(1) 環境不搭調。

(2) 價值系統不搭調。

(3) 合作者不搭調。

一、環境不搭調

大衛是美國最著名的電影製片人之一，曾三次遭到辭退。他雙眼炯炯有神，聲音溫和，說話時臉上帶著和善的笑容。「我一直都在團隊裡工作，可是骨子裡卻一直認為自己是個企業家。」

他回憶起幼時父親的教誨。父親是從大蕭條時期過來的人，他重視經濟安定，安定只有在大公司裡才能找到，而不是在企業家的世界裡，然而大衛直言不諱，勇於冒險，渴望按自己的意志行事，這一切都是企業家的風采，而不是當一個部屬的表現。他猛然意識到，企業家才真正適合自己。

他不是失敗的公司經理，而是潛在的企業家。

華倫的情況與大衛正巧相反。由於失去食品公司的一個高職位，他決定成為一名企業家。憑著他的名望，第一年新企業的生意很興隆，但第二年就不行了。他時常輾轉反側，夜不得寐。

我生來不能獨立行事，雖然錢比過去掙得多了，可是整天提心吊膽，這令我覺得很不習慣，而且不能拿起電話說：「我是××公司的華倫（公司的名字家喻戶曉），簡直令人震驚。」

這個故事的結局是個「大團圓」。華倫原公司又換了一批人馬後，問他是否願意忍痛割愛，回到公司去，華倫欣然同意。

你聽說過「成功的甜美滋味嗎？」這回原公司的那個星期一，乘電梯的時候，我覺得唾液都像含了蜜似的，我大步走進原先的辦公室，真正嘗到了「成功的甜美滋味」。

二、價值系統不搭調

「蘋果牌」創始人之一，年輕的史蒂夫在早期電腦世界裡找到了一個完美的工作環境。他留著鬍子，穿著牛仔褲，成天一個人在車庫裡工作，他幻想著一個新世界的誕生，統治這個世界的東西只有他和其他一小部分人能領會。「我一生都在寂寞中度過，但我知道我的工作是有價值的。」史蒂夫的中心價值就是個人努力和社會利益。

「蘋果牌」從最初的幻想到發展成為一家實力雄厚的大公司，它擊碎了史蒂夫最初心目中的價值觀。在這裡，謀財圖利代替了社會價值，集體經營代替了個人才能。如今他自己開了一家公司，公司裡只有幾個人，他們在各自的房間裡設想新的主意。每人都穿著牛仔褲。

伊維，我們在前面曾經介紹過。他曾是位投資銀行家，中心價值是道德。他曾在兩家大公司裡身居首位，但都因為不能容忍其價值系統而遭到辭退。第一次是任命伊維的那個人企圖接辦他的公司。

我想我喜歡同風車作戰。我有一種唐吉訶德式的心理，我覺得想接辦公司的人是在掠奪民眾，於是我挺身阻止，當然了，那位提拔我但又策劃吞併我的「朋友」立即解雇了我。

我非常沮喪，雖然一切都在預料之中，但我能怎麼辦呢？除了看重才智，我從小就看重道德。這很愚蠢，我知道，但我肩負著某種道德感。

由於他出眾的才華，伊維再次應邀出任一家國際投資公司的總經理。兩年後，由於同樣的原因，他拒絕做一筆「好生意」，結果不得不再次下台。

如果你自身的價值系統與工作環境相吻合，失敗的可能性就小得多了。

三、合作者不搭調

的確有這類事發生。你平時快活自信，在老板面前卻啞口無言；在工作中接觸最多的同事總是與你唱反調，你嚷嚷的聲音得比對方還大才行；你的祕書非但不會使你心平氣和，反而弄得你更加狂亂；你的搭擋比你還討厭繁文縟節，而你正想靠他處理這些事。這些都是個性不搭調的典型例子，其中任何一條都會讓你捧觔斗。

你也許能和搭擋開誠布公地談談，或者要求祕書平靜下來，或者建立一套對付同事的新策略，但有時不論你做什麼都毫無用處。他是他，你是你，水火並不相容。

還有一種不搭調被稱為「直髮/鬈髮併發症」。這就像有一頭漂亮直髮的女人對自己的頭髮不屑一顧，卻一心渴望生出一頭鬈髮。有些人拒絕利用自己的長處，卻堅持專做他們做不成的事。在他們看來，能力所及的事就像直髮那樣普通。這種人對成功視而不見，一味鑽進「不搭調」的洞穴裡。

彼得是位天才的喜劇導演，卻一心想導正經八百的戲。喜劇對他來說是唾手可得之事，所以就輕視它。他不善用自己的長處，卻想當戲劇導演，結果四處碰壁。

蘇珊是紐約有名的室內設計師，但她卻想當名雕塑家，因為設計太容易了。這和直髮姑娘總是看中別人的鬈髮的道理是相同的。

3．不敢全力以赴

保羅三十二歲，看上去是塊成功的料。他高大英俊，待人和氣，臉上總掛著微笑。身為律師，他只被辭退過一次，因為上班老是遲到。此外，他一帆風順，但他自己說：「其實我從未達到自己的期望。」難怪，保羅總是躲在避風港裡，自然不會失敗。

保羅和許多大學才子一樣，到頭來並沒幹出什麼名堂，這不禁令老同學瞠目結舌。在康乃爾大學，他選讀了「學院派」這門功課，因為這只需將所學課程總結一下，不必做任何專門的研究。後來他又開始從事法律，因為「它能發展你多方面的才能」。

二十一歲那年，他的目標又變成藝術家。他三十二歲時說：「我像個萬事通，可是樣樣通，也樣樣鬆。」

他從哈佛大學法律學院提前畢了業，進了加利福尼亞一家大公司，心裡希望能被分派到康樂部門去，但卻沒能如願。你明確提出了要去那個部門嗎？「我當然提了，」他說：「但有時別人說，我說話的聲音不夠大。我被分配到別的部門。我採取了中庸的態度，既不跟他們吵，也不好好幹。」

保羅遷到紐約後，進入了一家法律公司，半年後又被辭退，因為缺乏工作熱忱。「我心裡很煩，不過也不覺得有什麼大不了的，我本來就不喜歡那家公司。」

他如今從事娛樂法律顧問工作，但仍不滿足。

像他這種人害怕失敗，失敗的陰影總是籠罩著他們，所以從不捨身冒險，其實這樣反而會增大失敗的可能性。他們也許不會出現在失業隊伍裡，但也不能遂其所願，是「潛在的失敗者」。

潛在失敗的根本原因是缺乏自信。要想成功，心中首先要有一個成功的自己，這個內心形象激勵你去闖自己的路。自信者鏗鏘有力地宣布自己的打算，竭力博取他人的信任。畏縮者也許會說出同樣的話，但聲音充滿疑慮。

這是一種惡性循環——失敗摧毀自信，缺乏自信又促成失敗。怎麼辦呢？

首先要承認自己缺乏自信，然後花時間審視自己，決定是否願意改變，治療醫生和職業顧問都能幫助你。

全力以赴地幹吧，幹的是什麼並不重要，只要充滿信心努力不懈地去做。就像劇中的演員，聲音和動作都要表現出充分的自信，有無真情實感則無關緊要。缺乏自信導致失敗，突出自信則促進成功。

4．壞運氣

有些事情是難以逆料的。也許厄運突然降臨，而你卻束手無策。

經濟學家托馬斯買了一座農場，決定把它變成果園生產葡萄酒，一切都經過了深入的研究和周密的計劃。「我們幹得滴水不漏，」托馬斯說：「設計圖簡直完美無缺。」但誰也沒想到，那年由於美元的大幅升值，法國葡萄酒在美國的價格大跌，美國葡萄酒完全失去了競爭力。「世界背叛了我。」他頗有哲理地說。

曼尼在矽谷開辦了一家電腦公司。他們從日本訂購一種磁盤，但突然得知日本在技術上出了問題，貨會晚到九個月。工程師們立即四處尋找新的途徑，企圖重新設計。儘管如此，這家私人電腦公司還是解體了。他們的產品於一九八三年二月投入市場，比預期晚了五個月。這時，ＩＢＭ早已取得統治地位。出乎意料的厄運！

有時一個人也會帶來厄運。比如你的老板被升遷，新老板想組織自己的班底，於是你成了多餘的人，終於被辭退。

厄運降臨，你該怎麼辦？毫無辦法。只是不要怪罪自己。

5．自毀行為

斯圖亞特當過二十一次售貨員，每次都因為頂撞上司而被辭退。他每次都覺得自己是對的，每次都重複第一次的模式。很多人都像斯圖亞特那樣，明知道自己的某些表現會導致滅亡，卻仍控制不住自己，一犯再犯。

斯圖亞特是個和善而有教養的人。他總讓未來的雇主相信自己會一鳴驚人。他的工作模式是一成不變的：獨自一人默默地幹，夢想為公司賺大錢，不過要一人獨吞。他幻想著那個美妙而光榮的時刻，「你真誠的斯圖亞特」成了英雄。

他生活在幻想的世界裡，那裡誰也比不上他。如果有人建議他改掉舊習，他會認為定無法容忍的侮辱。結果自然可以想像。

後來由於一個偶然的事件，他才真正認識自己：斯圖亞特從來就沒有什麼家庭觀念，四十二歲時突然決定出錢為侄女治療牙齒，因為他妹妹買不起牙齒矯正器。於是，斯圖亞特一反常態，宣布這筆錢由他來付。過去，斯圖亞特的錢總是正好夠用，如今一年得弄到額外的幾千美元。幾星期後老板批評他時，「你真誠的斯圖亞特」正想頂撞，猛然想起侄女的矯正器，就忍了下來。他生平第一次保住了工作，開始聽取別人意見。更重要的是，他開始尋找解決的辦法，而不是一走了之。

同時，由於急需錢用，他著手變夢想為現實。他一向喜愛骨董錶，十年來買了不少，夢想有一天成為骨董錶商。如今為了賺錢，他真正開始出售骨董錶了。

斯圖亞特現在擁有一家生意興隆的骨董錶店。侄女的牙也醫好了。他終於打破了自毀模式。許多人的自毀表現都不如斯圖亞特明顯。他們也像他一樣害怕成功。

馬莎希望擺脫自毀模式。她過去的生意總是做不成，後來強迫自己做了一項非常有益的練習：解剖自己的表現，找出行為模式。把想法告訴別人、找搭擋幫忙、和搭擋吵架、趕走搭擋、重新開始，這就是馬莎的模式。

女演員芭芭拉的模式是：和導演鬧翻。在很長一段時間裡，她對此卻一無所知。排練對她常常是場惡夢。《加利福尼亞隨員》上演時，她才承認經歷了真正的失敗，才認清了自己的模式。

導演和我總是不合，我想他是怕我抓不住人物的個性。但我相信自己的演技。他越害怕，我就越緊張。有一天我失聲痛哭，心想這下該辭退我了，結果卻沒有。首演那晚我演得並不好，恐懼占據了我的全身。看出我失敗的觀眾也許不會超過二十五位，但我心裡明白。

芭芭拉意識到，自己也像馬莎一樣，害怕成功。

我認為人有一種失敗的意願，必須非常小心，不要讓它占了上風。成功很難被接受。

芭芭拉在精神分析學家的幫助下，認識到自己的模式：因為害怕而與導演鬧翻，導演發怒又反過來使她更加害怕。

消滅自毀行為首先要認識它，然後決定是否願意改變。有的人一生都在努力保持原狀而又不受懲罰——專橫跋扈的老板、喜怒無常的才子、從不發言卻抱怨別人不聽話的人。如果你認為自己的行為模式已經成為自身的一部分，也許就不會改變自己，因為它並不影響你的工作。不過認識自己的模式後，你也許會斷定，擺脫陳舊的模式必將使你如虎添翼，至少你將多了一種選擇。

6．過於分散，難以集中

這是聰明人的致命弱點，他們大起大落，幹了許多事，結果一事無成。

這是冒險家常犯的毛病，他們一旦成功，就成了點物成金的邁達斯。人人都以為他們的榮耀沒有止境。問題是，他們一旦失敗，就一敗塗地，從此一蹶不振了。

英俊瀟灑的游泳冠軍泰森從小就開始競爭。

他說：「我的成就一直受到人們的讚賞。」

我搞建築，搞經紀，搞管理，開旅館，改裝套房。我什麼都幹。我興奮極了，不知道天底下還有什麼幹不了的事，所以就試驗自己的能力，想看看哪裡是極限，真開心！

終於有一天，銀行要求他償還債務。起初他一味責怪別人，最後說：

我是自作自受，我太忘乎所以了，真不知天高地厚。我總想什麼都幹，殊不知有些事情，其實是你幹不了的。

他什麼事都幹，結果泛而不精。什麼事最吸引他的注意力，他就幹什麼。「我把緊急的事當成了次要的事。」他沒有分清主次。

問題是要縮小範圍，找出他幹得最出色的一行——發展不動產。他辛苦了幾年，終於成了紐約有名的商人，只是現在很有自知之明。他說：

如果現在突然想去搞健康俱樂部，我會對自己說：「誰想幹那個？我不是非幹那個不可，讓別人去幹吧。」

7．性別歧視、年齡歧視、種族歧視

性別歧視、年齡歧視、種族歧視時常是失敗的真正原因，而且很難對付。你可以通過法庭解決這些問題，但如果下不了決心，又無金錢和時間的話，只能另謀出路。

有些人去一些規模較小，不在乎性別、年齡及膚色的公司；更多的人則是自己著手經營企業。

這在年齡歧視上表現得更為突出。從現實的觀點來看，五十多歲的人丟了工作，想再找工作就難了。至於是自己創業，年齡大則代表閱歷深，而不是受歧視的對象。為什麼偏要回原公司？為什麼不利用這個機會大幹一番？

職業顧問費柏格說，一個六十多歲的失業經理開了個掃雪服務站，因為多年來他一直為車道鋪滿積雪深感惱火。另一位五十多歲的失業者在請人清洗游泳池時總遇到麻煩，氣憤之餘，他決定自己開辦這項服務。他雇用了一幫大學生，他們非常樂意聽從這個年事已高、閱歷豐富的老人的指揮。如今他已擁有一家小規模的游泳池清洗公司。

經營服務業一般用不了多少本錢，但需要豐富的見識和經歷。許多人都退出了那個崇拜青春的社會，發現自己是個老年企業家。

8．管理不善

管理是一項才能。許多人一再失敗，或由於不善於管理，或由於管理風格不對頭。公司的開山祖師往往是眾望所歸的幻想家。他在創業階段大顯身手，一旦成功在望，管理問題就產生了。「創業與管理」是兩回事。誰能想像讓愛因斯坦他老兄去管理自己的實驗室？

諾蘭就是個例子。他一口氣開了好幾家公司，滿腦子是成功的神話，從不明白自己的天才在於創業，而不是管理。「無聊是我最大的敵人。」他坦率地承認。他委派別人來管理公司，自己則去參加一些「消愁解悶」的娛樂活動。

關鍵在於挑選合適的代理人，還要能夠控制他們。這兩項諾蘭都未做到。等他明白過來時，已經晚了，他第一次摔了觔斗。

自己包辦一切也會產生問題。布魯斯過去是廣告社的經理。公司開業時規模很小，布魯斯對屬下的工作總要親自過目，有時還替他們重新寫報告。公司擴大了，他仍然堅持大家按他的意願行事，結果公司工作受阻，祕書的工作量越來越大，職員的積極性衰退。布魯斯根本就不具備管理才能，終於被辭退了。

經濟學家托馬斯說：「一個企業家最多能管理四十名員工，超過這個數目就必須另請管理人員；如果選人不當，許多公司都會毀於一旦。」

如果管理是你的薄弱環節，就應該認識自己的弱點，努力避短。

費柏格說，有位董事被解雇，因為他思路寬廣敏捷，是個很了不起的思想家，但極不善於同屬下打交道。他再度找到工作時便雇了個祕書，專門處理他厭煩的細節瑣事，結果大家都認為他是個優秀的經理人。

沒有人是全才。如果你的天才在於創造而不是管理，而你又違心地當了經理，就要儘量委託代理人——但要注意挑選。如果你擅長「親自出馬」，就不要自己當經理，否則就改變自己的作風，起用更多的代理人。管理才能不是天生的，但人人都可以學。

9．躊躇不前

你明知應該行動，卻邁不動步伐。該學的都學了，你或許預見自己將被擢升，或許感到情況會惡化。理智告誡你必須改變自己，而你卻不能。恐懼使你躊躇不前，你等待著什麼，連自己也說不清。等待別人給你一份工作？等待勇氣突然到來？

你擺出一副成功的姿態，四處會友。滔滔不絕地談著辦公室趣事和自己如何春風得意，內心卻痛恨自己。你知道，無論別人怎麼想，你心中永遠蘊積著深深的失望。

有時，太久的躊躇會導致公開的失敗。清醒時不自動辭職，最終會眼睜睜地看著人家把你辭掉。在大集團縮減人員時，漢克眼看同事們紛紛退職，知道自己也該走了，但他害怕。道理很簡單：他根本不知道退職後還能幹什麼，也許僥倖能逃脫這場災難。他躊躇不定，最終還是被辭退了。這在他幾乎是一種解脫，但要另找一份相似的工作已經相當難了，漢克的老同事們已經占了幾乎所有的空缺。

躊躇不前通常並不導致明顯的失敗，而是「潛在失敗」的主要原因。它使你感到缺乏意志、無力駕馭自己的生活，這種感覺助長了內心的失望；結果即使你不失業，也不可能生活得無愧於自己。

馬克就是這樣一個潛在的失敗者。他生氣勃勃、熱情、開朗、活潑，似乎自己就是一則美國式的成功故事。他兩歲時被一個有錢人家收養，早年就流露出一種極強的審美觀。隨著年齡的增長，他逐漸明白了自己將來想做的事——設計房子。從哈佛建築學系畢業後，他打定主意要去裴的公司工作。如果說建築是他的宗教，裴就是教主。

在裴的公司裡，馬克加入了同代人最優秀、最具才華的圈子，有一段時間他很有長進，但馬克知道，建築學家如果真有信心，就應該自己開公司，做自己的明星。年深月久，馬克愈發感到自己被淹沒在裴的光彩之中。那裡的生活迷人、輕鬆，他永遠不需要冒失敗的危險。問題是他個人卻在走下坡，這使他感到絕望。

像這樣的明星公司有利也有弊。利在於你可以從一位大師身上學到不少東西；弊在於你自己沒有闖蕩的魄力，不敢出去實現自我。我感到自己像個跨欄運動員，不盯前面的欄架，卻四顧張望。我相信，解決問題的唯一辦法就是去找裴幫忙。我正在喪失最基本的一點自信，我的家庭生活因此受到影響。

我妻子的感覺非常敏銳。她常說：「你這麼有才華，他們還總是改變你的設計方案，你怎麼受得了？為什麼不主動點？」

到頭來我們的談話便無法涉及建築這個範圍。

馬克終於行動了。這是痛苦不堪的過程，同時也蘊育著婚姻的破裂。「我意識到，如果不離開公司，我終將鬱悶而死。」他這樣描述與裴的會面：

那天，我走進裴的辦公室，對他說：「我要走了。」他平靜地抬起頭說：「這句話，我已經整整等了七年了。」接著加了一句：「我認為這個公司裡只有兩個人有能力出去大幹一番，你就是其中之一。」

馬克吃驚地發現，「監禁」他的不是裴——沒有比裴更大度的人了——而是他自己。在裴手下這麼多年裡，馬克最為不朽的建築創作就是這個用以自囚的盒子。

擺在你面前的道路不只一條，只要你作出選擇。只是我們往往不願冒險。躊躇不前意味著讓別人控制你的生活。解決的辦法是探尋其它選擇道路，相信自己有多種選擇。一旦意識到這點，就有了行動的基礎。

10．總之，面對現實吧！

認識錯誤是很痛苦的事，但這也是為了將來不誤入歧途。

就拿安娜來說吧。她是紐約的雕塑家，作品長年在一家很有威望的美術館展出。館長死後，美術館停業了。當時安娜四十剛出頭，沒有第二家美術館願意接納她，這一發現令她大吃一驚。她整整奔走了兩年，結果仍然一無所獲。她百思不得其解。難道是作品不夠格？還是她的性格招人討厭？或者是世界在懲罰她早年的成功？她鬱鬱寡歡，無法工作。

一天，一位喜歡她作品的商人對她說：「你想知道我為什麼不展出妳的作品嗎？」安娜求他說出來。他平靜地看著她：「妳太老了。」安娜當時四十三歲。她簡直不敢相信自己的耳朵。商人解釋說，館長只歡迎兩種人：要嘛是初出茅廬的「熱門」藝術家，他們的作品價格低廉，而且可供批評家們來「發現」，使美術館名聲大振；要嘛是早有定論的「大師」人物，而安娜兩者都算不上。

儘管商人的這番話並不動聽，安娜還是洗耳恭聽。「成熟的作品」、「經典作品」，現在不興這個。剎那間，一切都明白了。

安娜痛苦地告訴自己：「我在紐約也許再也找不到一個商人了。」她不再漫無目的地從一家美術館走到另一家美術館。她要當自己的商人。

如今安娜為自己辦展覽。她邀請人們來到這裡，邊喝咖啡吃乳酪，邊欣賞她的作品。她不喜歡藝術的商業性，但學會了對付的辦法。諷刺的是，她從未感覺到像現在這樣成功。

現實也許是嚴酷的，但它有助於你步入正軌。挫折之後的一段時間裡，過去的日子總像陰影一樣籠罩著你。你無休止地想著那些已經發生的事，當時的情景一次又一次地浮現在腦海裡。回顧過去，是前進的基礎。我們注定要當自己的歷史學家。

失敗後，要誠實地對待自己，這是最關鍵的。只有坦率地整理好為什麼失敗這個問題，才能使失敗成為成功之母。應該採取客觀的分析眼光，決不要感情用事。

聰明人為什麼失敗？除了在此提到的原因之外，無疑還有許多。失敗實在不是什麼稀罕事——最優秀的人也會失敗。稀罕的是從失敗中學到東西。

聰明人的非凡之處，就在於他們善於學習。

6・重新解釋你的故事

失敗最惱人的一點，就是讓你感到失去了控制。打擊迎面而來，令你猝不及防。你突然間變得軟弱無力，身外周遭的力量決定了你的命運。

這是失敗使人產生的感覺，然而，這並不是真實的。

失敗使我們軟弱無力，並將我們拋入犧牲品的深淵，但並不是非得如此。

——重新塑造是恢復力量、重新駕馭自己生活的過程

你也許處於最低潮——失業、不知何去何從、收入在迅速減少當中——但你不必永遠繼續犧牲品的狀態。也許你自己不知道，你擁有恢復力量的最重要工具。

我們說過，失敗是對事件的評判。失業後發一的一切，都是對失業的評判，都是你的解釋。你可能說：「老板恨我」、「我搞不過他」、「我從來就沒喜歡過那個工作」

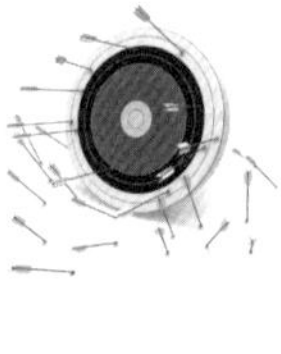

或者還說「我很高興一切終於都結束了」。不管你說的是什麼，都是對剛發生的這件事的一種看法。

其實，「失敗」這個詞，本身就是有關這一事件的另一種想法。如果一切都在於解釋，那麼重新解釋，在你也是力所能及的。如果失敗是一種評判，而你是法官，那麼你也有改變評判的權力。

1．為什麼要重新解釋

著名的藝術指導邁克最近結束了一場持續二十七年的婚姻。其他人將此視為「失敗」。邁克說：「我結婚二十七年，這是成功的事，後來就結束了。」

夏儂開了一家銷售諮詢公司，幾年後倒閉了。別人把它看成是失敗，她的解釋是：

停業這件事使我經歷了從未經歷過的感情，目睹了從未見過的事物，使我成為更富同情心的人及更能幹的顧問。

在重新塑造自己的過程中，邁出這一步是非常重要的，因為：

1．目的就是要使自我感覺良好。

一切能夠達到目的的手段都可施行。以一種最為肯定的眼光來看待過去，體現了一種良好的精神狀態。

2．對於已發生的一切，無所謂「客觀」的真實。

所有的故事都是說故事者講出來的。在這種情況下，你既是說故事的，又是聽故事的。如果作為講述者的你總是講述陰暗面，作為聽眾的你便會感到悲哀。如果作為講述者的你，強調主人翁的功績，而對陰暗面只是輕描淡寫，作為聽眾的你也會因此受到激勵。事情並無變化，關鍵在於如何講述。

3．肯定地看待過去，使你擺脫困境。

只要你陷在否定的解釋中——「我丟了那工作，」或「我不具備應有的條件，最終讓他們發現了，」以及「也許我再也找不到這種工作了。」——這些念頭會使你將太多的時間花在憂慮上。憂慮可能占據你所有的時間，憂慮中的胡思亂想、漫無邊際，能侵蝕你的想像力和精力。

導致憂慮的否定解釋使你失卻活力，肯定解釋卻賦予你繼續生活的勇氣。

2．運動員的教訓

沒有人比運動員更深有體會了。他們每天都必須面對普通人只需偶爾面對的失敗。他們是久經沙場的宿將，能教給我們許多東西。

宋莉原是比莉的網球搭擋，如今成了體育心理學家，她曾經接觸過許多一流的運動員。她敘述了比莉和像她那樣的運動員是如何利用重新解釋去恢復勇氣的。

不知怎麼的，在我們心中，輸的感覺比贏的感覺更為強烈。任何一名運動員都明白這點，都得與這種情緒戰鬥。你可能打了十個好球，失了最後一個。結果你記住的不是那十個球，而是最後一個，當時的情形在你腦海裡反覆顛現，心中也就越記越牢。我們都這樣把輸比贏看得更重。訣竅是重新調整心中的事件，賦予它們同等的機會。

比莉有一次告訴我說，每當她丟了一個球，總要把那次失誤在心中過一遍，找出錯誤，然後正確地揮出下一個球，從而抹去失敗的痕跡。新澤西死神曲棍球隊主席鮑布說：獲勝者不同於失敗者的是，他們善於處理失敗，超越失敗，他們運用的方法之一就是，全心撲在他們能夠做的事情上，而不是他們不能夠做的事情上。如果一個小伙子是位優秀的射手，卻不善於溜冰，我們就讓他一心想著射擊，決不要去想哪個小伙子溜冰會超過他。

運動員也可以採取同樣的方法：

(1)分析一下你無意中賦予了事件何種解釋，這樣就可以弄明白怎樣看待自己。

(2)重新調整那些事件，使它們處於最令人振奮的角度。

3．兩個女人，兩種解釋

艾麗克茜和海倫娜同是擅長交際的職業婦女，她們對失敗的態度截然不同。

海倫娜五十多歲，風度迷人，處事自如隨和，寫過一本有關交際技巧的書。她在西海岸享有盛譽的研究生院裡，將這些技巧傳授給未來的外交家、律師和醫生。還有許多大公司的總裁出高價向她學習對付新聞界的辦法。如今海倫娜在國內外都是知名人士，她的收入是有生以來最可觀的。她生活中的事件是個大寫的「成功」，然而她對這些事件的解釋，表明她是失敗的。

十年前，她在自己眼中還是個成功者——可以說是一顆璀璨的明星。她為婦女主持了一個特別節目，向她們推薦重要的書目，解決矛盾重重的問題，討論她們的感情和思想，這在電視史上是前所未有的。她熱情、努力不懈地工作。「我覺得這是神聖的工作。」她說。

當電視台起用一個更年輕的女人將她替換下來時，她覺得自己就像一個不能傳道的傳教士，被殘忍地從教徒心中拖走一樣。十年後，她談起此事時，仍然激動萬分。

我收到一堆沉重如山的信件，它們總使我淚流滿面，不忍卒讀。信中充滿愛與哀傷，而我心中只有一個念頭，如果我幹得好，為什麼要辭退我？這些人知道我幹得很出色，她們是觀眾。我走到哪裡，人們都會說：「海倫娜，我們想念妳。」而我無法對她們說話，我無法站穩腳跟。

我是一個失去了自我表達形式的藝術家。這次的不公平使我怒不可遏。我為他們拚命賣力——沒有人像我這樣讀遍每一本書——我把他們當作好朋友，他們卻出賣了我！怎麼沒有一個人為我說話？

我束手無策。我無法回擊，感到全身麻木，痛苦的浪潮已將我淹沒。我只好回到家裡，撲倒在床上，痛哭流涕。

我哭了多久？從某種意義上來說，我從來就沒有停止，我一直沒有得到徹底的解脫。

海倫娜一直停留在對事件的最初解釋上，她將這次失敗視作一次無法挽回的災難。她從不允許自己超越這一最初的解釋，即使她的生活中發生了其它事件。

以後的幾年裡，她又主持了一個名聲較小的節目，一段時間後又失業了。此後，她開始轉向寫作、教書，自己開辦諮詢業務。她很快就出了名。人們付給她很高的報酬，慷慨地向她表示謝意，她的工作越做越順利，已是好幾本書的作者了。她對這份鴻運是如何解釋的呢？

「我痛恨不能使用自己的語言。」她說。

電視就是她的語言，而且——在她看來——除去電視，一切都是失敗。

如今不論以誰的標準來衡量，海倫娜都是一個成功者。她擁有金錢、聲望和一個正蓬勃發展的事務所，還在做自己喜歡的工作。這就是現實情況。但海倫娜的解釋都大不相同，她將成功視為失敗，否則她就會從現有的生活中獲得更大的樂趣。

她會對自己說：「我是個出色的事業家和作家。」而不是說：「我是個失敗的節目主持人。」兩種感覺，前者樂觀，後者悲觀。海倫娜可以對自己說：「擺脫每天辦節目的重負，我得以自由地開始寫作生涯。」或者她可以說：「我現在有機會影響商業鉅子了。」或者她也可以祝賀自己有適應和倖存的能力。然而，她卻陷在自己的最初解釋中，其實是陷在憤怒與責備的階段，不能自拔，她無法享受未來的成功。

艾麗克茜是個高個兒的女人，開朗坦率，胸無城府，她對現實的看法與海倫娜截然相反。她在好幾年裡歷經失敗。她決定創辦一個全國性的雜誌月刊，專門討論健康與環境的問題，為此她花掉了所有的積蓄，耗費了多年的心血，得到的卻是無休止的挫折。客觀上看來，艾麗克茜失敗了，但她自己並不如此解釋。

與海倫娜不同，艾麗克茜將失敗視作一種學習的機會。對她來說，失敗只是一種結果，而海倫娜則將它視為一種永恆的評判。也許她的雜誌出不了，艾麗克茜承認——她並不迴避現實——現在就來聽聽她的看法吧。

你知道，有人把零看作一無所有，有人把零看作虛無空洞，我則把零看成一個可以填滿的空間。我目前還沒弄到辦雜誌的錢，但這只是一種欠缺，一個零，一個等待填塞的空間——而不是失敗。

面對著第一期的失敗，她沒有低頭，儘管付出了巨大的努力，推出了第二期，讀者的反映仍然不佳，這時她就很難保持樂觀了。她負債累累，還得撫養一個孩子，在一段時間裡，她陷入了真正的沮喪。她覺得無法放棄夢想，同時又無法起步。正當她設法解決下一步該怎麼辦的時候，一家大報社提出願意考慮她的設想，並提供大規模資助，這個消息令她欣喜萬分，她責備自己為什麼早沒想到這個主意。報社董事們研究了她兩期雜誌的樣本，多次與她會晤，幾個月後，經過多方面考慮，他們還是沒有接受她。

艾麗克茜頓時覺得眼前一亮。以前，她拿不定主意該做什麼，但這次，她所尊敬的人們排除了她，這使她明白，她應該接受失敗，繼續上陣了。

當那扇門關閉時，一切都非常清爽。沒有沮喪，因為我確信這是最佳機會，既然沒有談成功，我再也不抱希望在兩三個月內實現夢想了。

為了成功，我竭盡全力，我根本不把它看成是失敗，只是心中感到，辦雜誌的事就此結束了。

艾麗克茜開始寫求職簡歷，結果，否定了她的雜誌的那家報社任命她為專管銷售與公關的副總裁。他們發現，她具有罕見的熱情和洞察力。他們雖然不要她的雜誌，卻要她本人。

她是否將花在辦雜誌上的兩年時間解釋為失敗呢？

我認為那兩年相當於運動員用於訓練的時間。我成了一個堅強的人，我不把事事都看作是障礙——而是把它們當作籬笆，我要跳過去。

沒有收入的時候，頭腦裡保存著想像中的成功，這使我擴充了交際範圍，接觸了許多人。回想起來，我那時學到的每一點，都為我今天從事這項新的工作奠定了基礎。

艾麗克茜以最好的意願去揣度一切，這種方法的確行之有效。做出成功的樣子——即使在不成功的時候——使她得以在任何時候都不失果敢，從而促使「正面結果」的誕生。

一種解釋解放自己，一種解釋禁錮自己，選擇哪一種，全在你自己。何苦去探索所謂「真實」，何不選擇一種令人振奮的觀點？

4．柏特的故事

一旦你開始重新解釋事物，這一選擇也許會改變你的整個生活，柏特就是個例子。

柏特，這位五十多歲的機敏老頭兒，有著一雙哀傷的眼睛，常帶著溫和的笑容，頭上戴著一頂藍色的貝雷帽，如今你可以在法國邦得勒伏瓦小村莊看見他騎著自行車，偶爾停下來和鄰居們談談他的無花果樹或黃瓜藤。以多數人的標準來看，柏特是個整天什麼事也沒「幹」的人；他照顧自己的花園，和村裡的密友交談，還在寫自己的回憶錄，他說：「沒人注意的，那很好。」但柏特如今能以欣悅的心情注意到四季變遷的每一個細微現象，過去他可不是這樣。

就在幾年前，這位看似和他的鄰居沒什麼不同的布魯克林人還是紐約的電影導演，正孜孜不倦地追求功名。

一九七六年，他的短片《天使和喬老大》獲得奧斯卡獎。全世界的電視都轉播了他的領獎演說。手捧獎杯的柏特認定這只是一個開端。他的目標是從短片走向故事片。他的努力屢遭失敗。製片場的頭頭們認為，他只是拍了一部「不錯的小短片」，沒理由讓他拍大電影。柏特一天比一天灰心，一天比一天不快，他最終的舉動使朋友和同事大吃一驚——他宣布退出影壇，到法國的一所小房子裡去過隱居生活。他和夫人如果節儉些，每年稍低於兩萬美元的收入正好夠他們生活，他打算再也不工作了。

他為什麼這樣做？

是像多數人認為的那樣，出於一種失敗感嗎？還是別的什麼原因？

可以這麼說，身為一名故事片導演，柏特失敗了，這是一種看法。在我們這個社會裡，放棄競爭通常被認為是失敗。柏特現在坐在法國的小村莊前，不賺錢，也不拍電影，他在好萊塢沒有成功。他一度渴望操縱的那個高級世界，幾乎連他的名字都記不得了。事實就是這樣，但柏特的解釋卻大不相同：

沒當成故事影片的導演，這是我新生活的開端，這種生活更健全、更成功。一九七六年獲得奧斯卡獎以後，我曾幻想一攀到達頂峰，當我沒有實現這一夢想時，便開始重新考慮我的生活了。

請注意，柏特遇到挫折後所做的第一件事是冷靜下來，分析現狀，他沒有盲目地重複他的行為——不斷努力，不斷失敗——他利用挫折提供的機會來評估自己的生活。

我發現自己極少以工作為樂，因為成功的理想背後總是盤踞著失敗的幽靈——如果人們討厭我的作品怎麼辦？拍片時我總是惴惴不安——隨時防備失敗。於是我開始探索自己到底在怎樣生活，是否能改變這種充滿焦慮的生活方式。

當時，我和夫人在法國買下了一所房子，我們夏天就在那兒度假。我發覺生活開始變得健全了，我看待事物的視野也擴大了。我和夫人有更多的機會交談，我還可以騎自行車四處逛逛。內心有一種寧靜的感覺，一種只有在簡單的日常生活中才能找到的喜悅。

柏特對成功和失敗作了新的解釋。拍電影被看作是成功；然而他認識到這工作使他的生活充滿焦慮；不工作，過寧靜的生活被看作是失敗；然而他認識到這種生活始終使他感到「健全」。這種看法導致他作出另外一種選擇，他可以徹底改變自己的生活。

一位探訪柏特的陌生人帶著一心渴望成功的美國人的偏見問道：

「但你整天幹些什麼呢？」

柏特的回答簡單而深刻。他笑著說：「我的生活就是我的事業。」

柏特到底是成功了還是失敗了？對很多人來說，沒有實現當電影導演的理想標誌著他的失敗。其實，在好萊塢的最後一年裡，柏特也這樣看待自己。只有當他重新解釋了生活中的事件，並將這種解釋付諸實施，搬到法國去時，才有了一種成功的感覺。

他不說：「我是一位失敗的導演。」而是說：「我是一個成功的人。」如今他不說：「我失業了，」而是說：「我的生活就是我的事業。」

5・聽聽你的兒歌

我們都認為自己生活在現在。其實，昔日的旋律永遠縈繞在腦際。我們對事件的解釋並不是完全地、合乎邏輯地來自目前的事實。我們以一種交織著過去的經歷、恐懼、愛情和記憶的「複雜心態」看待現世。在所有這些影響之中，對我們觀念影響最大的也許就是難以忘懷的兒童時代，它永駐心間，不知不覺地給現在染上強烈的色彩。

它們是「兒歌」，是來自那個孩提時代的旋律，那時我們還軟弱無力。我們會在失敗中再一次感到軟弱無力，這時兒歌的調子就會從心中飄過。在重新解釋你的故事之前，必須認識自己的兒歌，弄清它在你生活中的地位。

帕特麗西亞原是一家大出版社的總裁，被撤職後，她的身體受到嚴重的損害。為什麼失敗對她的打擊如此之大？經過一番考慮後，帕特麗西亞意識到，是早年的兒歌主宰了她的意識。

我從小做任何事情都拚命要幹得非常出色。我不得不成為最好的，為了得到愛。我不是男孩，所以得付出雙倍的努力。結婚後，我覺得丈夫就像父親，只有當我是個勝利者時，他才愛我；當我陷入困境時，他就無法同我相處。

我懂得，得到愛的唯一途徑就是要爭得第一，失業時，這支歌非常響亮。

迴響在耳邊的這首兒歌使她誇大了眼前的危險。孩提時的啟示告訴她，失敗同時意味著失去愛。難怪她的反應如此強烈。一旦了解到歌曲不過是孩提時代的歌謠，而不是現在的合唱，她便能正確的看待挫折了。

不動產經紀人溫絲頓曾擁有一家設計公司，她將先前的失敗歸因於缺乏銷售與金融知識。她沒有在那些方面求教於人，而是靠本能行事。她不願意問問題是因為害怕別人認為她愚蠢，於是她保持沉默，大家都認為她很有能力，但她失敗了。回想起來，她意識到自己也是在受一首兒歌的驅使。

他們總對我說：「孩子應該讓人看，而不是讓人聽；要有漂亮的模樣，但不要張嘴。」言下之意就是——「否則他們會發現你是個小啞巴。」

兒時的啟示蒙住了她的雙眼，致使她對商業現狀作出了錯誤的解釋。

我們在上一章裡遇見的那位不動產奇才泰森，直到找出他的兒歌後才擺脫失敗。對他來說，兒歌雖簡單，卻主宰了他的一言一行：「人們只因為你的成就而愛你，而不因為你本身。」於是，泰森的房子越造越大，急於求成的心情反而使他徹底失敗了。重新解釋他的生活，意味著首先要承認，他是在聽任兒童的擺布而沒有服從良知。

兒歌的餘音裊裊不絕，它們是你隨身攜帶的一部分心理行裝，但你可以聽而不聞。問問自己孩提時代給你留下什麼啟示。設法弄清它們是如何影響你的觀念。一旦認識了自己的兒歌，你就能以一種健康的懷疑態度自問：我對事件的解釋正確嗎？我是否在聆聽迴蕩在腦海裡的一段旋律呢？

6．重新解釋你的故事

以下就是重新解釋的方法：

(1) 寫下對事實最簡單的陳述。例如：「我失業了。」
(2) 用記錄、錄音或與人攀談的方式，道出你對事件的看法。
(3) 對否定的、自餒的解釋進行分析，挖掘其潛在意義。
(4) 重新解釋你的故事——即改變語言，採用一種更肯定的眼光。

查爾斯的故事便體現了整個過程。他被一家大公司雇用為專管報酬與津貼的主任，結果丟了一半工作。公司認為他在津貼方面幹得比較出色，在工作報酬這方面卻幹得很糟。雖然未被解雇，查爾斯仍然感到羞愧、沮喪、不能自拔。他認定別人在嘲笑他，而他毫無選擇。以下是他重新解釋的步驟。

寫下事實：「我丟了一半工作。」

——最初解釋

我被X公司聘為專管報酬和津貼的主任。我現在四十歲，這在我是件大事。在此之前，我曾是一名經理，這些人來找我，因為他們的確需要我。於是我就幹了。這個工作很難幹——我拚了命。計算人們的工資可是件頂妙的事。不管你怎麼做，總有人對你生氣。不過好像我對此也習慣了。我想他們雇用我的原因之一就是我臉皮厚。我的確更喜歡利潤這方面的工作——沒人會因為津貼對你發火。

然而，我只幹了六個月，他們就把我叫去，說要減去我的一半工作。他們想留下我，我的工資仍然保持原狀，但他們要把關於報酬的那部分工作交給別人。

這太突然了，沒人警告過我，我簡直不敢相信，走進辦公室時，我甚至無顏面對自己的祕書。我敢說每個人都在談論我，取笑我……」

那麼我到底能做什麼呢？我有兩個孩子和不動產一張抵押單，我別無其它選擇。我想，只得忍氣吞聲了。我覺得自己是個徹底的失敗者。

——分析潛在的想當然

(1)得到這份工作已算是幸運了，真正使我感動的是他們需要我。
(2)也許我不配得到自己想要的東西；我得依賴運氣，而不是能力。
(3)我這個人感覺遲鈍，「臉皮厚」。
(4)「他們」在取笑我；人人都在看我。
(5)兩個孩子和那張不動產抵押單把我給拴住了；我別無其它選擇。

於是，我們和查爾斯一起對這些臆測提出疑問。

問：真的是運氣使你得到這份工作嗎？還是你過去表現中的某種東西，在其中起了作用？

答：其實，他們聽說我，是因為我先前的工作。那時我管人事，名聲很好。

問：你為什麼認為不配得到自己想要的東西？小時候你不會經常得到你想要的東西嗎？

答：我不明白那有什麼相干？不過，哥哥總是想要什麼就能得到什麼，我總是拿剩下的那一份。

問：你真是個「厚臉皮」的人嗎？你這麼看待自己嗎？

答：不，其實每次發的工資比別人預料的要少時，我都覺得很不安，雖然這種感覺沒有溢於言表。

問：誰在取笑你、談論你？那是真的？

答：我無法證明，不過我感覺就是這樣。小時候就總有這種感覺。

問：你說你被拴住了，你真正想幹的是什麼？

答：我一直想為自己另立門戶，但兩個孩子得上學，我不能冒這個險。

把查爾斯的潛在臆測集中在三個方面加以分析：

1．分析出他的兒歌

小時候，查爾斯覺得他不配得到什麼，只有哥哥才配。可是成年後，查爾斯對他得到的一切，的確當之無愧——而不是「運氣」的問題。得到這份工作是基於他過去的優異表現。失敗又將他拋回到孩提時候的模式之中，那些潛在的模式影響著他解釋事件的方式。一旦意識到這點，他就能衝破束縛，重新考慮自己的故事，承認自己對於得到的一切當之無愧。

2．重新解釋查爾斯所謂的「丟失」

他的臆測是自己丟失了一半工作，而我們總是把「丟失」視為失敗，他於是深感沮喪。其實，要是說實在話，查爾斯得承認他並不喜歡管報酬這檔事，很可能他的確幹得不怎麼樣。那麼，還談什麼「丟失」呢？也許擺脫了報酬這方面的工作倒是一大收穫。從自己不喜歡的工作中解脫出來，是他的運氣，既不降低工資，又能集中精力從事他熱愛的工作。

3．給他一種控制感、一種選擇感

由於要擔負孩子的教育，查爾斯的確在經濟上受到約束，這是個嚴肅的問題。他真正想做的是另立門戶。然而，他的行為卻不像一個抱有這種計劃的人。這個夢想並不強烈，他沒有作出任何努力，這只是一個令人目眩的夢，一個充滿嘲諷的夢，他永遠不會行動。他把一個雙重信息傳達給自己：我想另立門戶／我不敢冒險。他當然會感到被拴住了，可是他沒有採取任何行動去掙脫羈絆。

查爾斯分析了自己的現狀，計算了自己的財力，和妻子談了他的長遠目標。他最終決定給自己規劃一個開業的確定日期——孩子們大學畢業那年。在此以前，他還將保持現有的工作，儲備資金，學習將來開業所需要的技能，探索如何創業。突然間，目前這份工作變得可以忍受了，因為他已將它納入長遠計劃之中。

7．經過重新解釋的故事

在管人事方面，我一直就幹得很不錯，就是因為這個，現在這家公司才聽說我這個人，並聘請我到他們的人事科擔任主要工作，專管報酬和津貼。

幹了一段時間後，我了解到自己真正的才能是在津貼方面。我在這個領域幹得非常出色，我也明白，我其實並不真正喜歡搞工人報酬這堆令人傷腦筋的事。於是公司和我決定讓我的才幹得到最大的發揮——集中搞我最擅長的津貼工作，我幹勁倍增。我的長遠計劃是另立門戶。只要我還在這個公司，就會努力幹，不過到了孩子畢業那一年，我要自己開業，我已經著手開始制定計劃了。

注意，事實毫無改變，但角度是全新的。查爾斯一旦能重新講述經過，重新解釋故事，他就能恢復大半的自信心。對過去的重新解釋給予他一種控制感。他能面無愧色地面對同事了。他下決心要幹一件事，他滿懷信心。

新澤西「死神」球隊的鮑勃講過一個故事。一次比賽時，他們打得很糟。教練把他們集合起來，對他們說：「伙計們，我不希望你們自認為輸了球——我希望你們把這看成一場不分勝負的比賽。」隊員們深受鼓舞，結果還是輸了。離開球場時，一名隊員抱著教練說：「別難過，教練——我希望你認為我們贏了。」

重新解釋有它的局限性，但也有它的力量。你的看法往往影響你的行為。

既然評判權完全掌握在你自己手中，為什麼偏要做最嚴厲的法官呢？

7・重新給自己貼上標簽

如果有人問：「你是誰？」時，毫無疑問的，你會用一個或幾個標簽作答。對於標簽的選擇和它們先後的秩序，能在很大程度上反映出對你自己的看法。

我們問孩子：「你長大了想做什麼？」我們不指望他說：「想做一個快活的人。」我們等待的是一個職業標簽。談話往往也是以標簽開始的。「我是律師」、「我是家庭主婦」。標簽使我們舒坦地面對外面的世界。

失業後，「你做什麼工作？」這個簡單的問題聽起來就像是在審問。在這個如此看重標簽的社會裡，失業剝奪了你的地位，使你在社交場合處於赤裸裸的尷尬境地。更嚴重的是，它同時也使你失去了看待自己的方式。標簽不僅告訴別人我們是誰，在一種微妙、複雜的意義上，它也告訴我們應該如何表現自己。重新塑造自己的過程，就包括檢查你使用的標簽，看看它是否仍然適用。

1．標簽的力量

我們最近和兩個年輕人談了一下。他們都剛從大學畢業，都是很有才華的作家，卻為了支付生活費而在餐館裡當侍者。

第一個年輕人約翰說：「我是個侍者。」

第二個年輕人理查說：「我是個作家，目前幹侍者這活兒。」

我們經過詳細詢問後，得知名叫約翰的這個「侍者」每週只寫幾頁，而理查這位「作家」，則每天都堅持寫作。

換句話說，這個給自己貼上作家標簽的年輕人表現得的確像個作家；而約翰自稱是個「想當作家的侍者」，他的表現就像個模稜兩可的標簽一樣，不知所云。所以，人們的行為往往聽命於自己的標簽。

2·標簽解放你

有時如果你能找到自己的標簽，就知道自己是誰了。也許你具有許多才能，卻從未將它們集中於一項工作上。其實，你從來沒想到能實現這點——後來有人對你說：「你難道不明白你當××最合適不過了。」你眼前一亮：「真的？我就該幹那個。」別人重新整理了你的才能，並給了它們一個新標簽。你知道了讓你施展所有才能的最佳工作，頓覺鬆了一口氣，眼前的道路也明確了。

狄金遜是史密斯大學高年級的高材生。她深信沒有一樣工作能將她的才能和興趣結合起來。她很喜歡歷史和經濟，但不想在大學任教。她有天賦的文字能力，但覺得作家生活太孤寂。她對政治和社會問題很感興趣，但也不想當一名律師。她坐在史密斯大學的分配辦公室裡，用手撫了撫栗色的秀髮，承認說，她想不出這個世界上有什麼工作是她願意做的。

職業顧問意識到，她所需要的是一個標簽。經過對她能力的分析，顧問抬起頭看著她說：「我認為你應該當一名公共政策策劃員。」這一職務是狄金遜從未聽說過的。經過調查，她認識到這個工作是她所有愛好的完美結合——歷史、社會問題、寫作和集體工作。職業顧問給了她一個標簽，這一標簽使她認清了道路。她立即向研究生學院提出申請，希望在華盛頓找到一份暑期工作，以便接觸這一領域的人。標簽使她模糊的希望變成了一個現實的目標，幫助她邁出了第一步。

如果你覺得沒有一個適合自己才能的標簽，要明白這是一種錯誤的感覺。應該想盡辦法找到那個標簽。去找熟悉你的導師、職業顧問，或者就找好朋友談談。一旦有了標簽，就有了方向。

3．標簽束縛你

就像一個在睡眠中默默生長的孩子，假日裡穿上漂亮的褲子，卻猛然發現它已經太短了。我們有時也硬把自己塞進已經過時的標簽裡。標簽可以解放你，但偶爾也會在不知不覺中束縛了你。

安德魯糊里糊塗地當上了葡萄酒推銷員，這是他的第一份工作，他不知道還能幹什麼，於是就給自己貼上了一個永遠的標簽：「賣葡萄酒的。」一開始是給一個賣葡萄酒的朋友幹活，接下來的那份工作還是賣葡萄酒，不過條件要好些。後來又在一個葡萄酒進口商手下幹，待遇就更好了。最後他和另外兩個人合作辦起了自己的進口業務，這並非出於熱情，而是因為，正如安德魯所說的：「為什麼不？我過去一直就賣葡萄酒。」

生意越來越糟，但安德魯還是拚命抓住最後一線希望，直到公司倒閉。他做葡萄酒生意，是因為不知道還能做什麼別的，所以一想到改行就害怕。

後來有一天，安德魯上的一門課使他的態度產生了變化。這門課教人們如何自己開業，他的同學有銀行家、藝術家、家庭主婦和汽車修理工，他逐漸意識到這些人並不把他看成是一個「推銷葡萄酒的」，而且認為他是個「有才能的人」。別的同學認為他是個全能的人，他們對他的看法使他拋棄了陳舊的標簽。

上這課時，我有時覺得自己並不是非得做葡萄酒生意不可。我拚命拯救這生意，這主宰了我的生活。每天都充滿了絕望。如今我夢醒了，我可以幹點別的。

安德魯有意識地給自己貼上了一個新標簽，一個暫時的標簽：「夢想家」。他太太還在工作，安德魯算了一下，就靠他積蓄起來的錢，可以當六個月的夢想家。在這期間，他開始探索其它行業，上課，檢查他到底想幹什麼。

結論是：他很高興和妻子一起工作，因為他們的才能相互補足——「她是個開放家，而我是個保守家。」如今，他們在郊區合作開辦了一項業務，安德魯的新標簽是——不動產經紀人。

4．改變你的標簽

有個數據很能說明此問題：大多數美國人一生中至少要改行三次。要改行，首先就要改變自己的標簽，這並不是說，如果你是位實驗性質的專家，只要說一句「我是個舞蹈家」，就會變成舞蹈家了。但你用來描述自己的語言，的確會成為一種強烈的內容實現。

失業顧問傑克遜說，碰到一個削減大批工人的公司時，他首先要做的就是讓工人們改變描述自己的語言，聽起來可能有些離奇——例如，為什麼對於一個失業的鋼鐵工人來說，語言如此重要？傑克遜總結道：

當一家鋼廠被迫停工時，想想那些在這個廠裡工作了一輩子的工人們怎麼辦？他很可能會每天早晨對著鏡子說：「我是個失業的鋼鐵工人。」他用這句語提醒自己是個失敗者。

如果我能讓他對著鏡子說：「我不是失業的鋼鐵工人——我是個有選擇權的人。」這就解救了他。

如果反覆對自己說「一個失業的鋼鐵工人」，他就會按照這個標簽生活。首先，他「失業」了，這個詞意味著無所事事。其次，他是個「鋼鐵工人」，怎麼能幹別的呢？他很可能不斷去找工作，還一心想當鋼鐵工人，而跑進一條死胡同裏。

另一方面，反覆對自己說：「我是個有選擇權的人。」實際上是在提醒自己，首先，他是個人——不只是個工人，他還是有其它能力；其次，他擁有選擇權。這就是他能夠放眼四周，而不只是一味地盯著「鋼鐵工人」不放。

沒有一樣東西比選擇感更能給你自由、更能導向樂觀。

5．撤退標簽

我們所有的人都有一個撤退標簽，自己卻不知道。那就是，如果什麼都完了，至少還有一個工作是我們能做的。

一家文藝書籍出版社的總經理說，他的撤退標簽是當一名「看門人」，幹這活幫你見多識廣。而幾乎所有的演員都有「侍者」或「酒保」作為撤退標簽。許多女經理都是從當祕書起家的，她們的撤退標簽往往也是「祕書」。

這些標簽都是在開玩笑時脫口而出的，它們能在困境中給你帶來安慰。

瓦特是一名非常出色的電視新聞播報員，年輕時常為電台寫稿，他說：

我一直都覺得電視是個夢幻世界，而我應該待在聯邦報社的辦公室裡寫稿。我對自己說：「我終會回到那兒的。」三十六年來，此事一直沒有發生，我想也不會發生了，不過我還是那樣對自己說。

一九六四年他被哥倫比亞廣播公司辭退時，這種還有退路的想法幫了他大忙。雖然他極為震驚、憤怒，但還是明白這一切是他們說了就算的，他們有這種權力。瓦特強壓怒火，採取了極其謹慎的態度，這為以後哥倫比亞廣播公司重新起用他創造了機會。

「能夠灑脫地聳聳肩是我們擁有的最重要特長。」瓦特說。接著，好像為了對這種不太悲哀的語氣作出解釋，他又加了一句：「我總覺得，就是退一萬步說，我還是有個工作。」

——我是個探索者

那麼，在過渡階段，你把自己稱作什麼呢？你如何回答那個不變的問題——「你做什麼工作？」

如果你已經決定自己將幹什麼，抓住那個新標簽，充滿信心地把它貼在自己身上。當你說：「我從××轉向了××了，眼前的種種可能性使我非常興奮。」這時你是在以非常肯定的語氣宣布自己，強迫大家——和你自己——看重你。

如果你還沒有決定幹什麼，你害怕、猶豫，四處搜尋，或者發瘋似地等待著拒絕的信件。或者討厭出去吃飯，因為害怕回答那個可怕的問題——「你做什麼工作？」這時你可以試用一個臨時的回答，許多人都證明這很有幫助，即面帶自信的微笑說：「我是個探索者。」

其實，你的確是個探索者。你探索著下一步該怎麼辦，興奮中交織著恐懼。「探索者」三個字聽起來既正統又高尚。如果你說：「我正在調查一份銀行的工作，還寫點東西，等待著其它消息。我還不太確信下一步要幹什麼。」那麼，別人和你自己就會用一種完全不同的眼光看待你。只要改變一下語言，你就能給一種混亂的狀態貼上一個肯定的標籤，這本身就使你幹勁倍增。

標籤能幫助你形成良好的自我感覺，給予他人一種看待你的方式。如果老標籤已經不適合你，失敗給你提供了撕掉它並貼上新標籤的最佳機會。改變你的語言就是改變對自己的認識，從而最終改變你的行為。

我們多數人從不靜下心來檢查一下自己談論自己的方式。但是語言這個工具——尤其當聽者是自己的時候——就是我們最強有力的武器之一。

想想棒球場上裁判的故事吧。當被問及：這個球是壞球還是好球時，他盯著詢問者說：「在我說它是什麼之前，它什麼也不是。」這就是一個懂得語言力量的人。

8・擴大選擇範圍；掙脫羈絆

我們多數人認為自己沒有選擇的機會，或選擇機會很少，我們習慣於用老眼光看待自己，無法想像我們可能成為怎樣的人。並不是不想改變，而是想不出能改變什麼。人們一遍遍地說：「我真不知道下一步該怎麼辦？我只會幹這個。」

其實，這只是一種「假象」。

這本書的每一位讀者都擁有選擇的機會，問題是能否看到它們。

如果你正處在一個轉折關頭，你的任務就是作出下一步的打算。如果你以過去的思想來看待將來，完成這一任務必定難上加難。探索未知世界需要的是新鮮的思想。你的目標是運用嶄新的思維方式去發現選擇的機會。

1．建立準則

從理論上來說，世上無難事，只怕有心人。

那麼，刪除什麼，追求什麼，該怎樣決定呢？

答案是，你必須了解自己。

用一種誠實、仔細的眼光審視自己，然後自問，在任何工作環境中，對你來說絕對不可缺少的是什麼。不是你認為應該具備什麼，或者別人告訴你什麼很重要，是你發自內心的一種深切需求，它給你的工作帶來快樂和效率。這些基本條件被一些求職專家稱為「核心價值」，其實就是老式的所謂「準則」。準則是你選擇任何職業都必備的。建立準則的最佳辦法就是總結過去。

建立準則時，要注意對失敗進行分析。

一般說來，失敗比成功對你具有更大的啟迪意義。

《紐約》雜誌的藝術指導彌爾頓是一位眾所周知的畫家。

他的準則是，任何工作必須——

(1)激發一種直覺的、熱烈的感應；

(2)如果要合作，合作者必須與他處於同一層次。

第二條準則起源於一次失敗。有人曾給他出了一個主意，這主意使他產生了熱烈、直覺的感應（第一準則）。但這位發明者的名聲搖搖欲墜。彌爾頓自信能幫他恢復地位，合作的結果不僅是一次財政上的災難，對他個人來說，也是一場惡夢。他從失敗中吸取教訓，建立起了第二條準則。

瑪麗則是位才華橫溢的設計師，曾做過幾年服裝生意。她從這次經歷中得出了幾條新的準則。她意識到，有兩點令她不快。首先須管理許多職員，這使她很緊張，而且手頭的工作一件接著一件，沒完沒了使她喘不過氣來。於是她規定以後的工作必須：(1)由她一人承擔，最多只能有一名合作者；(2)是個有始有終的明確項目。

準則只是就一般而言的重要框架，用它來衡量各種機會。那麼如何才能獲得機會呢？擴大選擇範圍的方法，有以下六項建議：

1．循環運用你的才能

一份工作相當於三種技能，這是循環運用的第一原則。

我們多數人將工作視為一種固定的、不可轉移的東西，就像一件搬不動的沈重家具。如果將工作視為三種獨立的技能，那麼失業就不等於失去了一切。就像組合式家具，可以把各部分在別的地方重新組合起來。

二十世紀福斯公司的製片人里爾失業後，確信自己的事業從此結束了。他拍了二十年電影，早就將此視作他唯一能做的工作，然而紐約沒有一家製片廠願意接納他，他又不願搬到加利福尼亞去。在他眼裡，自己的工作是件搬不動的家具，上面緊緊貼著一張標簽——「電影製片人」。

一天，里爾偶然碰上過去在福斯公司的一位老同事，他也離開了攝影廠。里爾不無痛心地談起自己的遭遇，這位朋友很吃驚地看著他。里爾記得他們的談話：

他對我說：「你急什麼——你有很多本事。」我沮喪極了，記得自己說：「我嗎？什麼本事？」他說：「你是個了不起的推銷員。你難道沒意識到，這些年來你一直在向總部的傢伙出售電影計劃？他媽的，要是你能對付那幫騙子，什麼人不能對付，什麼東西不能賣啊？」

然後他說：「除此之外，你還是個了不起的作家——你總能為自己的電影撰寫最佳廣告，在緊要關頭，你總能去搞宣傳寫作。」他最後加了句：「當然了，你很有組織能力——那是製片人的特長。也許你遠可以自己創業開拍電影。總之，我認為你有很多選擇。」

他用拳頭打了一下我的肩膀，我們互相道別，但我一個人在那個街角站了二十分鐘。那短短的幾句話改變了我的人生。

里爾如今已是個報酬頗高的電影宣傳作家。這一切不是在一夜之間發生的，但朋友的話改變了他對自己的看法。將一項工作分解為三種技能，使他看清了自己是個能夠選擇的人。一旦認識到這點，他就能自由起步了。

循環運用的第二條原則是，過去的一切經歷都是有用的。尋找職業時，要想想從過去的經歷中得到什麼。我們做過的任何事情都不是白費，都能在新的機會中找到施展的天地。

狄姆在大學裡學的是地質和環境科學，當他決定當電影製片經理時，他認為所學的一切都毫無用處。第一項大任務就是要拍一部全球性的記錄片，全部是外景。製片人決定雇用狄遜，是因為看中了他的環境知識。

2．將興趣變成職業

在考慮選擇工作時，我們往往忽視樂趣、嗜好、消遣。我們告訴自己，工作應該是嚴肅的，是玩樂的反面。

這種觀念需要改變，工作應該是一種創造性的娛樂；如果你覺得自己在娛樂方面最富有創造性，為什麼不看看，這些方面能否給你提供一種工作靈感呢？

溫斯基的父親是建築師，母親是內部裝修設計師。他只上了兩年不到的大學，覺得自己是個徹底的失敗者。在那個世界裡，學習成績是唯一的桂冠，而溫斯基討厭學校，雖然是個天才藝術家，但他不願繼承父母的職業，他具有太多的自由精神，不適合在大公司裡工作。回到學校更是不可思議的事。就溫斯基看來，他沒有任何選擇。

溫斯基從小就喜愛烹調，除此之外，他還具備藝術家的眼光，總是津津樂道地談論菜肴的色調。他在烹調上表現出一種學習時找不到的熱情和紀律性。這是可以理解的：烹調是娛樂，讀書是工作。

一天，一位朋友建議他去做廚師頭子。起初他不予考慮（直髮/鬈髮——那麼自然就能做到的事怎麼值得去做呢？）但後來他開始認真考慮了。他能想像自己戴著白帽子的樣子嗎？不，從來沒有過一個出身書香門第的正經人去當廚師頭子這種事，他這樣告訴自己。朋友猜透了他的心思，就說，最近就有一位年輕人開了一家非常熱門的飯館。他同溫斯基一樣，也是出身名門，但學得不好。他便到處游蕩，最後終於在巴黎的一家餐館裡找到了自己的職業。溫斯基和那個年輕人談了一下午。參觀了他那漂亮的廚房，他找到了榜樣。

先前的這位大學劣等生如今正在他崇拜的這間廚房裡剝牡蠣，收拾青豆子，他要在名聲頗高的歐洲學徒制度中一步步前進，最後當上主廚師。

許多成功者都是在自己的嗜好中找到了職業。這個國家的許多名店，都是人們轉變了個人的嗜好與熱情而成為職業的代表。

3．自己開業：尋找缺少什麼

幾乎所有的人在一生中都曾有過自己創業的念頭，也許現在就是你動手的時候了。企業家並不都是車庫裡孤獨的天才，直到有一天想出一個絕妙的主意；他們往往善於觀察四周，注意缺少什麼。

一個城郊婦女怎麼也找不到一個適合自己品味的室內裝潢師，最後自己動手幹了起來，結果很好。

她的成功聽起來似乎很容易，但有時企業家的誕生是身不由己的，始終伴隨著哭喊和打鬧。達利就是一個例子。

達利早年就下定決心，絕不像父親那樣做生意。他的生活將更富有創造性，於是他成了演員和劇作家。身為劇本《徹底拋棄》的作者，他被公認為是另一個威廉斯。

三十二歲那年，當他的劇本就要在百老匯上演時，他自己也幾乎相信了這點。《徹底拋棄》獲得了評論家們的好評，只有一個例外，那就是《紐約時報》的法蘭克，而他卻起了決定性的作用。此劇上演了一個晚上就停演了。「我覺得好像是眼睜睜地看著一個孩子死去！」他說。

整整半年，達利成天喝酒、吸毒，寫不出一個字。他好幾次想到自殺。後來，他自己這麼說：

我感覺到，要生存下去對我而言是一場挑戰。我認識到擺在面前的只有兩條路。要嘛讓《紐約時報》幹掉我，要嘛奮起反擊。我心裡只有一個念頭，不能讓人們看著我倒下去。我要表現得堂堂正正。我甚至不准自己說：「這是法蘭克的錯。」也不讓自己說：「我同意世人的看法，是我不好。」在我看來，這些都是不磊落的表現。榮譽感告訴我，即使解釋事件時，你處於孤獨的地位，也不要屈服。對我而言，榮譽感成了高於一切的東西。我堅持己見，決心繼續前進。

達利當演員那陣子，導演選擇演員總採取信手拈來的方式，這使他吃了不少苦頭。他腦子裡頓時蹦出一個簡單清晰的念頭：將演員的情況儲存到電腦裡，用收費的方式向導演們提供服務，演員則每年付出一小筆費用就能登記上。

主意好想，但真正促使他行動的是另一個人。此人做電腦生意，聽了他的想法，當即決定與他合作。

達利幾經周折，終於擺脫了成為劇作家和演員的舊夢，走上了做生意的道路。

最近，《紐約時報》刊登了達利的照片，但讚揚的不是他的劇本，而是他新開的公司。達利過去總說：「開公司是別人的事。」這件別人的事如今也落到他自己頭上。

不要一味等待一個不可思議的計劃闖入心中，應該四處觀察，看看缺少什麼。你一直覺得做什麼事很不便？你個人認為缺少什麼產品和服務？

記住：此書中沒有一個人自認為生來就是企業家。

4．學習新事物

擴大選擇範圍的一個最佳辦法就是學習新事物，這可以是與職業相聯的各種新訊息，也可以與職業無關。任何新事物都能使你擴大視野。

學習新東西至少能以收穫代替失落。好像受到他人掠奪後，你送給自己一件禮物。學習這一行為增強你的自我感覺，讓你覺得自己仍然聰明能幹。

學習一門新課程就能直接而具體地引導你走向新的職業。

艾麗絲的故事說明了這點——

艾麗絲在自己家裡的珠寶公司工作了八年，要是父親不去世，她還會在那裡工作下去。父親死後，他一夜之間成了孤兒，遭到家裡所有人的唾棄。為了父親的地產，叔父們在兩年之間雇了好幾個法律事務所與她對抗，結果艾麗絲保住了自己的權益。

然而，她無家可歸，四處游蕩。在這前程未卜的轉折關頭，艾麗絲決定盡量抓住各種新的機會。有一門講述關於婦女受歧視的課程。課上她得知其她婦女也和自己一樣懼怕經濟獨立，她頓時覺得有了方向。

在課上，我認識到我們缺少的是婦女自己的銀行。現在是將這一計劃付諸實施的時候了，我舉起手，對專管銀行的副部長說：「如果我們婦女組織起來，您准許我們開銀行嗎？」「准許。」他說。我跑去對卡蘿說：「卡蘿，我是認真的。我們真的得行動了。」第一家婦女銀行從此誕生了。

5．考慮合作對象

這是解決問題的另一個方法。如果你一時想不出下一步該做什麼，就想想願意和誰一起工作。你是否非常崇拜一個人，以至於這個人本身比任何一項具體工作都重要？

你甚至可以在心中沒有任何目標的情況下，與某些人接觸，指望與他們的交往能給你指明方向。許多新企業就是如此誕生的。

有時，理想的合作者是你很崇拜但了解不深的人——你也許想闖入他那個領域，但還不具備充分的條件。如果你認準了這麼一個「偉人」，就設法寫信給他，說明願意在一定期間內向他提供免費服務，這樣他無法拒絕你的幫助。這一勇敢舉動表明了你有堅強的自信心。當然，並不是每一個人都有足夠的財力這樣做，但有時徒弟身分就是靠這種大膽行為獲得的，誰能拒絕一個如此看重自己、如此崇拜自己的人呢？

6．查閱報紙

這是個顯而易見的方法，因此聽上去有些愚蠢，但聰明人常做顯而易見的事。報紙一方面告訴你奇特的人和事，另一方面還登載了許多招聘廣告，給你提供具體的幫助。紐約大學的校長約翰。布拉德曼就是透過《紐約時報》而當上校長的。他當了大半輩子的國會議員，終於在一次競選中失去了席位。

一九八〇年，所有的不和因素都同時向我襲來，勢不可擋。等到它們消失得無影無蹤時，競選也就失敗了。我十分理智地明白將發生什麼事，儘管心裡不喜歡。對於失敗，如果自己的理智能夠理解，感情也就能接受了。

我問自己：「下一步該怎麼辦？」

我很清楚，競選終將失敗。作為《紐約時報》的忠實讀者，選舉前的那個星期天，我在報上讀到一則招聘紐約大學校長的廣告。在當時我並沒有那個念頭。

選舉後的星期三早晨，我打電話給國會裡的老同事柯奇市長，他說：

「我很遺憾，約翰。」

我答道：「艾德，這是意料中的事。」

他問：「你現在打算怎麼辦？」

我說：「艾德，我想當紐約大學校長。」

一九八一年二月，《紐約時報》登載了我榮任紐約大學校長的消息。

有時，最簡單的選擇就擺在你面前的早報之中。

我們在此談論的不是如何行動，而是如何思考。從某種程度上來看，得到一份工作還是件容易事；關鍵是腦子裡要想得通。重新塑造自己，即是與自己最初的本心對話。

一件件工作來了又去，即使為了自己精心設計的發展方法也可能再次改變，但如果能學會清醒地對待失敗，能重新抓住自我感覺，能明白自己永遠擁有選擇的機會，你的餘生就會獲得無可估量的價值。

9・過渡時期的步驟

一旦清除了內心的障礙，有了足夠的自信心和明確的目標後，你便進入了思考和行動之間的過渡階段。一般人容易忽視這一階段，聰明人卻不會。這就像一個優秀的畫家，他準備畫牆的時間比繪畫的時間還要長，他懂得，悉心注意底面能為最後的繪畫工作提供更多的便利，成功的失敗者便經歷過這樣的過渡階段。

有哪些步驟呢？

(1) 擺脫困擾你的過去。

(2) 設法解決錢的問題。

(3) 建立支持圈。

(4) 學會請求幫助的最佳方式。

(5) 縱容自己。

(6) 記住自己每一次小小的成功。

1．告別過去

儀式標誌著生命中的過渡。生日、婚禮、甚至離婚，都表明了一個階段的結束和另一個階段的開始。失敗卻沒有明確的儀式。我們若是幸運的話，它的影響會漸漸淡漠，但絕不會自行消亡。

然而，我們所需要的，正是一個結束的儀式，因為失敗是不潔之物。先前的安寧消逝了，留下的只是昔日粗糙的邊角和碎片，它們可能會阻塞未來的道路。若不進行徹底的清理，任何能使我們想起往事的東西都是一種痛苦，甚至見到老同事亦然，就像令人痛心的分離之後，與昔日的情人重逢。

結束儀式還能帶給我們前車之鑒。從純粹實際的意義上來說，接觸昔日的交遊是大有裨益的；如果接觸過去的生活太痛苦，你就無法利用完全屬於你的東西。

菲利浦曾是一名演員，他便是一個絕不面對過去的典型。他非常崇拜一位著名導演，曾在他手下效力，後因意見不和而被辭退。當時，他怒不可遏，多年後仍得不到解脫，當年的痛苦絲毫沒有消退。原因很清楚：菲利浦永遠無法面對那位導演，道出內心的痛苦，因而結束了這段經歷。在他看來，過去永遠是一場暴風雨。

菲利浦若能給導演寫封信，解釋他的情感，若能以全新的眼光去祝福他，他很快就會振作起來。

一切成功的失敗者似乎都能本能地邁出這一步。結束儀式可以有多種形式。有的人強迫自己重訪自己曾經失敗的那個地方。他們穿過一間間熟悉的房間和辦公室，這樣便能含淚道別。

有的形式則更為奇特。一位年輕的婦女把辭退她的老板的姓名寫在一張紙上，放進冷藏室，小心翼翼地關好門，臉上露出了幾個月以來的第一個微笑。「冷凍」憤怒，此舉療效甚佳。

常見的結束儀式是書信的形式。一位婦女被長期合作的老板辭退之後，她寫下了這樣一張字條：

> 親愛的：
>
> 我知道，過去幾個星期裡發生的事對你我都很痛苦。我相信，也希望，苦難消

失之後，我們都能記住共同度過的美好時光——這樣的時光有很多很多——還有我們過去給予彼此的支持。我忘不了這個公司裡的工作，我獲得的是那麼多。我將永遠珍惜它。

現在是復活節，我祝福您，也祝福我自己得到安寧與和睦。

此信的結果，如她所說：

我又可以正視他的眼神了。我從不害怕在電梯裡或宴會上遇見他。我覺得自己的表現很高尚，甚至很慈善。奇怪地，我感到自己佔了上風。我也明白，在我寄出信的那一刻，這一切就結束了，徹底結束了。

告別過去的另一種方式是從過去的經驗中吸取教訓。

麥琪在一流的常春藤大學教了十年英語。她盡力做好每一件事，發表文章，得教學獎。只有一件事她拒絕做，那就是和系裡的其他人交往，除非是密友。她深信，要保住這份工作，得靠工作質量，而不是人際關係。是個聰明人就夠了，她這樣想。

過了十年，她被除名了。聽到這個消息後，麥琪把自己關進那間寬敞的辦公室，那裡有壁爐，她獨自坐在自己最喜愛的椅子裡，黯然泣下。這房間已成了一個聖所，在這裡是任何大學教師都夢寐以求的事。

最後，麥琪終於在另一所大學裡找到了工作。她仍然不懂該如何與老同事們交往。她不能欺騙自己說，那些年是場根本不存在的夢。她的內心受了深深的傷害，該怎麼面對他們呢？

她開始與人交往，並自視為青年教師的領路人，用親身經歷教育他們，工作好是不夠的，還要注重社交。

在新的工作崗位上，麥琪不想重蹈覆轍。她說：

我參加正常的社交生活，做以前沒有做過的每一件事，我盡力表現得謙和、可愛。同事們談話，我使洗耳恭聽。我並不賣弄自己的聰明，他們可以讀我的書。結果，在討論我的工作時，系裡人人交口稱讚。

書信、社交、甚至一種溫和的宗教儀式都能淨化你的情感，幫助你返回昔日的生活，取回你所需要的東西。

2．處理錢的問題

在我們的生活中，也許沒有比錢更敏感的問題了。錢能購買各種你需要的東西，也是在這個社會裡的成績報告單，掙錢多少往往便是成功與否的標誌。

失業後，勢必會想要賺得更多的就是錢。沒有錢，便失去了安全、力量、生活的保障、世人的尊重和愛。

既然金錢如此重要，重新塑造自己也就意味著端正對於金錢的態度。

最好的辦法是，靜下心來，認真考慮你的財政現狀。如果收入減少了，那麼，還有其它什麼財產？積蓄？人身保險？一所可以抵押或出售的房子？是否有資格申請失業保險？以及失業救濟金？有哪幾種選擇？

有的人靠積蓄生活，就像被辭退的珍妮那樣。

她決定不降低生活標準。她照樣上課、參加化裝舞會、觀看戲劇表演。半年後，當她又找到工作時，已耗盡了每一分積蓄。沒有任何人失業後仍像她這樣光彩照人的。

珍妮以為，「外表」是至關重要的。那麼，她會擔心錢的問題嗎？

「當然擔心。」她說：「但花掉積蓄就像給自己投了自信的一票。我心裡有數，到了迫不得已的關頭，我能夠重新找到工作。」

珍妮花光了每一分錢，但從未感到貧窮。各人的貧窮標準是不相同的。

有的人幹零活。羅斯奈是位建築師，娶了一位很有成就的廣告董事。幾年前，公司倒閉了，他把全部時間都用來找建築師的工作，但無濟於事；他不得不向妻子要錢，他相信，幹點什麼總比無所事事強。

我一向深愛繪畫，願意花很多錢買最好的鋼筆、特殊別緻的畫筆、或是一套新炭筆——就像抽鴉片那樣。和妻子結婚時，我常對她說，如果什麼都完了，我可以去賣美術用品。一天，我走進一家我喜歡的美術用品商店，問他們是否有零活給我幹。

羅斯奈就這樣幹了一年零活，每週兩次。他妻子則在紐約身居高位。他掙的錢很少，但是他說：「我感到是自己在養活自己。」

珍妮會認為，幹這樣「低級」的工作顏面盡失；羅斯奈的自尊則在於經濟獨立，不用家裡的積蓄或老婆的錢。

在他看來，掙錢比工作的性質更重要。他會將珍妮的態度稱作「錯誤的自尊」。一年後，經濟情況好轉，他又能當建築師了。

在邊幹零活邊尋求理想工作的人看來，任何工作都是健康有益的。無論工資多麼微薄，總能給他一種主動感，同時又不喪失自尊的一種方式。

有的人向親戚朋友借貸，或因環境所迫，或因改變職業需要充電費。

借貸是無可厚非的，有時還是明智之舉。安德魯做葡萄酒進口生意失敗後，不知如何是好，他向家裡借錢去上課，以謀求新的職業。為了實現明確的目標而借錢，也許是財政上的最佳抉擇。

有的人大大降低了生活標準。仔細想想就知道，絕沒有一條保證你只盛不衰的法律。《第三帝國興亡史》的作者威廉曾是《芝加哥論壇報》的記者，被解雇後，他決定看看只靠微薄的積蓄能活多久。他搬到西班牙，那是歐洲生活費用最低的國家。他靠一千美元活了一年。一年後，他又找到了工作。降低生活標準使他贏得了時間。後來被哥倫比亞廣播公司辭退後他再次發現，自己的生活標準可以比想像中的還要低。威廉感到，簡樸的生活並不會使他感到不舒服或低人一等。對他來說，重要的是精神生活，那是金錢所買不到的。

因此，在哪裡生活、怎樣生活，一切全在於你。

重新塑造自己的階段，最適合考慮金錢在你生活中的地位。金錢對你有多重要？為什麼？你認為金錢是別人評判你的基礎嗎？錢愈多就生活得愈有意義嗎？

不是每個人都能像柏特那樣視金錢為身外之物。但是，社會偏見給我們打上了深深的烙印，我們一向深信金錢的魔力，都從不想想這到底是為了什麼！

問題也許不是「我怎麼才能賺更多的錢？」而是「錢愈多就能讓我更滿足嗎？」

3．建立支持圈

有時候，支持是來自朋友。朋友是可靠又可愛的，當你像「老水手」般沒完沒了地重複自己的故事時，他們絕不會揚長而去。他們會耐心地聽你述說，開導你，鼓勵你，幫你驅逐心中的惡魔。

麗莎是電視台的獨立製片人，她幾經波折，最後為自己設計了一種對付失敗的有效方法。每當灰心喪氣的時候，她就去拜訪朋友。艾倫是支持她的合作者。她敘述了以下的談話——

麗莎：我對生意失去了信心。

艾倫：出了什麼毛病？

麗莎：總是缺錢。有很多事要做，但一件也做不成，我深感無力。

艾倫：為什麼？

麗莎：可能就是害怕。怕我是個失敗者。

艾倫：妳在什麼地方失敗了？據我所知……

［艾倫提醒她有過多少成功——那些成就都出自一個失敗者嗎？］

麗莎：當然不。

艾倫：所以妳不是一個失敗者。依我看來，妳只是遇到了資金流通的問題。妳有些什麼選擇？

麗莎：嗯，我可以訂一些發展計劃，也可以幹零活幫助別人，或者再去找一份專職工作。

艾倫：好，很好，哪種選擇最實際？哪種來得最快？

麗莎：發展計劃，我已經有了一個計劃。

艾倫：需要些什麼？

麗莎：打幾個電話，外加一兩個會議。

艾倫：好，寫在日程表上，我明天打電話給妳，看妳是否做了。

艾倫的電話，迫使麗莎不得不採取行動。

有時候，支持則來自一個有組織的團體。才華橫溢的青年建築師馬克離開I. M.裴的公司後，生意上遇到了麻煩，他和兩個密友一起組成了一個高效率的支持圈。

傑克、拉爾夫與馬克年齡相仿，也是獨立的建築師，也像馬克一樣，厭倦了孤獨地面對職業問題。三個人都經歷過婚姻的破裂，他們決定互相幫助，避免再受創傷。他們的正式條規很少：每次聚會都交流有關成功和失敗的情況。更重要的是非正式條規：相互之間，絕對坦誠。

馬克的支持圈在一段關鍵的時期內形成了他生活中的情感中心，使他重新獲得了信心和勇氣。

支持者是誰，這並不重要，重要的是要依賴他們。在你的支持圈裡，你能反覆講述你的問題，這樣，你就不會在一些可能傷害你的地方「胡言亂語」了。在你最需要的時候，它會給你感情力量，並對你說，你並不孤獨。

4．請求幫助

請求幫助絕非軟弱羞恥的行為，這是人性的一部分。但是，多數人討厭「麻煩」別人，他們對自己說：「他們會認為我很笨。」其實這是我們害怕請求幫助會暴露自己的弱點的關係。

我們害怕吃閉門羹，所以請求的方式往往就決定了最終會被拒絕。「你不會知道有什麼工作吧？」緊張的聲音、否定的語氣使對方的回答呼之即出：「恐怕沒有。」問者掛上電話，成了自己預言中的犧牲品。

學會請求幫助，這門藝術非常有用。以下幾點可作參考。

1．具體指出你需要什麼　如果你對人說：「現代我不知如何是好，我想和你談談。」這樣，就給別人出了一個空泛複雜的大題目。如果他們同意，你會闖入他們的起居室或辦公室，發泄痛苦，請求他們解決你生活中的難題。此時，他們會本能地畏縮。

2．**如果你的要求具體而明確，就可能達到目的** 比如說：「我正在探索您這個領域，我已經和很多人談過。如果您能夠抽出半小時和我談談，我會非常高興，這樣我就能縮小範圍，看看自己最適合幹哪個領域的工作了。」這樣他們就會幫助你。

3．**盡量選用平等的語言** 不要說「您能給我出點主意嗎？」要試著這樣說：「我想跟您一起出謀劃策。」——「出謀劃策」包含一種交換，是一種雙向過程。即使你的確需要具體的指導，也應竭力強調語氣的平等，這樣雙方都會感到自在。

4．**盡可能做到樂觀自信** 不要說：「我失業已有半年了，我想，也許你那邊有什麼辦法。」試試這種說法：「從過去的工作來看，我更適合做實際工作，而不是當經理。我決定幹實際工作。我在探索好幾個領域，您的領域就是其中之一。能抽半小時喝杯咖啡嗎？」要不斷提醒別人和自己，你有多種選擇。誰也不想做你的生活保護人。

5．恭維另一個人　你需要一個人指點，是因為你尊敬他的思想、他的成就以及他的判斷；你真誠地看重他的意見。恭維常常是發自內心的，但我們往往忘記說出來。恭維往往能使他樂於提供幫助。

6．對每一次小小的幫助都表示感激　很多人都想知道，你是否聽從了他們的勸告，是否走了別的路。他們不願聽懸而未決的故事，他們要知道結局。也許，你不願意給他們增加更多的負擔，但是，你的進步能給予他們很好的自我感覺。通過這種簡單的禮貌交際，指點你的人便會覺得很好。

5．縱容你自己

在這個崇拜成功的文化氛圍中，一旦你失敗，人們就希望你包上一塊毯子，躲藏起來，頭髮又亂又髒。重新塑造自己就是要出人意料之外。

這時候，你應該珍重自己，首先要照顧好身體。神經緊張容易使人生病、受傷。適當的營養和鍛鍊也很重要。這時候，應該捨得花錢去參加舞會、上美容院或給自己買一套中意的衣服。你的自我受到了沈重的打擊，你有權給自己一點安慰。

出版社總經理帕特麗西亞丟了工作後，死死盯住鏡中的自己：「我出賣了自己。」她說：「有一天，我一定要重新愛上自己。」於是，帕特麗西亞開始實施一項自我發展計劃。她去美容院做了新的髮型，然後露出了難得的笑容。

此時，我從不低估的一件事是逛商店的價值，它幾乎具有象徵意義。早年，我酷愛絲綢長衫。我的絲綢長衫多得可以供應一個第三世界小國。我把這一切都扔了，隻身來到了阿爾曼尼。我曾對化裝廣告嗤之以鼻，現在卻雇用了一名化裝師。鈔票源源流逝，我的形象卻越來越好，百貨公司送來了一箱又一箱的衣服。錢並非只出不進，總之，我對此毫不在意。我臨鏡自賞，我又愛上了自己。

帕特麗西亞當上了一家更具名氣的出版社的副總經理。她從不後悔在過渡時期縱容了自己。

6．記住自己每一次小小的成功

重新塑造自己——也包括記住自己的成功。滋生於失敗的強烈感情，往往會將昔日成功的記憶擠出腦海。

要回顧自己的歷史，找出每一次成功。有人給自己的成功列出一張表，每當灰心喪氣的時候就會拿出來看一看。

然後回到現實。集中精力，每天做一件成功的事。小事的成功能為成就大事增添信心。每日的成功不一定非得驚天動地，寫信、粉刷房子、教孩子騎車，這些都是成功。

哈羅德丟了博物館主任的那份工作後，很長一段時間都找不到工作，他給自己布置了一項任務：在自己的地產上建一所樹上的小屋。

我完全投身於這件工作，發瘋似地幹活。記得我和妻子要去參加一次盛宴，我已穿上夾克、繫好領帶，卻還忙不迭地衝出去給小房子添上幾塊木板。真是妙極了！我親手建起的小屋！不會坍塌的小屋。

也可以是別的任何東西——一艘小船、一堵石牆、一件耐久的、伸手可及的產品！那所樹上的小屋幫了我大忙。我於是說：「行了，別再為自己難過，別再自卑自憐，好好幹吧！」

失敗使你變得脆弱，也許你會再次失敗。成功則能讓你再次成功，不管是多麼小的成功。大多數人對失敗過分大驚小怪，往往會忘記誇獎自己的成功。

重新塑造自己，主要在於思考。想想為什麼失敗，重新解釋自己的故事，重新給自己貼標籤，擴大選擇範圍——這一切都是思考的過程，在思考和行動之間，還有一個過渡階段。

這裡提到的步驟其實是安全措施，是為未來的成功鋪平道路。你是在掃清障礙，那些障礙，有的來自過去未完成的生意，有的則來自現在的自我妨礙。

最重要的是——你應給自己一個全新的起點。

10．從失敗走向成功

失敗後，有的人變得更堅強，有的人則被失敗擊倒了。凡倖存者，都有一種內在的性格力量，一種保護自我不受外界干擾的堅強力量。這是重新振作的關鍵，是一筆珍貴的財產，發現它則是失敗給予我們的真正獎勵。這是一種深刻而有力的自我知識。

以下兩個故事的主人公天生就是倖存者。一個家境富裕，一個家境清寒，但兩人在失敗後都能如願以償。他們的故事和重新塑造自己的步驟並不完全相合，但現實生活就是這樣，並非一律按部就班。

1．正視你的錯誤

朱維爾是紐約一家最具威望的投資銀行公司的第一副總裁。她誠實地對待自己，這是她成功的關鍵。在前途險惡之時，她誠實待己的態度是很多人想像不到的。她強迫自己「思考」失敗。一旦理解了真相，就能重新塑造自己。

如果真有「遲來的鮮花」，那就是朱維爾了。在生命的前三十七年裡，她一直是別人的女兒、別人的妻子、別人的母親。這也難怪，她總是把自己的身分依附在身邊最強的東西上。她父親是個老式的生意人，運氣時好時壞。朱維爾一出生就過著奢侈的生活，一直不習慣因貧窮和父親的魯莽所引起的不安。

「我成了一種古怪的混合體，」她說：「我無所畏懼，但缺乏安全感。」十九歲那年，她從大學退學，嫁給了一個年輕的律師。他穩重、踏實，和她父親迥然不同。她渴求安定，根本不想自謀職業。她有兩個孩子，她發誓要給她們一種安寧的生活。她的目標就是，做世上最好的妻子、最好的母親。

隨著時間的流逝，女兒們長大了。她回到大學，完成了中斷的學業。政治對她很具吸引力。她從小就無所畏懼，深信「民主事業」，懂得如何利用自己的魅力和才智去達到目的。她天生就擅長籌措基金，便首先發揮這項才能幫助了國會議員柯奇。柯奇榮任紐約市長後，並沒有忘記她，任命她為「社區委員會援助機構」的副主任，她在一年內就升為主任。

從某種意義上來說，她是成功了，《紐約時報》的社論讚揚過她的部門，但是，她也因此得罪了許多人。

政治是一場含糊其詞的遊戲，所以沒有人能明確告訴她，她失敗了。柯奇關閉了她的部門，並將此歸咎於財政危機。朱維爾也像我們大家一樣，相信自己是無可指責的。

她錯了，她想像多數人那樣否認痛苦，逃避失敗。她知道，唯一的出路是盡快重新找到工作，這樣就沒人知道她被解雇了。

她已近不惑之年，從未接受過任何專業訓練，但她天生就能從失敗中振作。她深知重新塑造自己的一條關鍵原則：撕下工作標簽，循環發揮各種才能。她告訴自己，市政機構主任的才能在別的地方也大有用武之地。

金融業和政府有著千絲萬縷的聯繫。她懂得政府對各種不同銀行的特殊需求力她沒去尋找現成的空缺，而是逕自走進「市銀行」，告訴他們她能幹些什麼。從某種意義上而言，她為自己創造了工作，幾星期後，他們就讓她當了副總裁。

她步步高升。三年前，她還在家裡為孩子做早餐，如今已有自己的祕書為她煮咖啡了。但是，她沒有吸取失敗的教訓，又犯了同樣的錯誤。不到八個月，她又被解雇了。這次的打擊非常沈重。這次，她經歷了各種階段：震驚、痛苦、憤怒、沮喪。她感到自己的失敗是注定的，卻無法喻於言表。

接著，發生了一件怪事。她碰到一個人，此人對她的失敗作出了新的解釋，這份運氣改變了她的職業。

大衛在「市銀行」裡負責失業問題。朱維爾走進他的辦公室，有氣無力地說，她知道自己完了。每個人都恨她；老板辭退她，這說明了一切。她徹底失敗了。大衛默默地聽著，讓她做了三個測驗，要她第二天再去。她起身要走時，他說：「順便說一句，並不是每個人都覺得妳糟。我打了幾個電話，有些地位頗高的人認為妳很有才華。」

第二天，朱維爾又去了。大衛拿著測試結果，說：「妳怎麼會去搞金融？朱維爾，對妳來說，傳統的金融太緩慢、太保守了。妳不知道嗎？妳是一位投資銀行家。」接著，他說了一句最動聽的話：「妳沒有失敗，只是這個環境不適合妳。」

在生命的長河中，如果我們幸運，會有個人對我們說句「是的。」這個「是的」便能確定我們的餘生。對朱維爾來說，大衛就是那個人。

她自問：自己對失敗有何責任？難道僅僅是投錯了環境，自己是無可指責的嗎？是否還有別的原因？

朱維爾邁出了重新塑造自己的最基本的一步：思考失敗的原因。

是的，這個環境不適合她；但她也需要提高與人交際的才能。這便是她在市政府機構和「市銀行」失敗的真正原因。

事實是痛苦的，但也解救了她。朱維爾開始有意識地改變自己，彷彿是即將參加馬拉松長跑的運動員。她需要時間和一個安全的地方。經由大衛的努力，「市銀行」的投資金融部門雇用了她。

> 這並不是理想的地方，但很合適我，能讓我彌補心靈的創傷。那時，我對自己發誓：在沒完全學會這門專業之前，在沒完全能力去任何一家公司工作之前，我絕對不會離開此地。

一次偶然的機會，她被介紹給一位投資銀行家，他成了她的導師。他們一起工作了兩年，朱維爾受益匪淺。

在工作中，她強迫自己放慢節奏、平靜一些、耐心一些、虛心一些。

我在「市銀行」度過了漫長而艱苦的四年，其間我懂得了節制和平衡。我學會了如何與他人相處，即使他們的步履和風格不同於我。一旦做到這點，我就意識到，同事們並非邪惡可怕。以前我總認為他們是錯的，其實，我們是個性不合，我只是比他們更具冒險精神罷了。憤怒消失了。我感到自己成熟了，可以出去了。

朱維爾告別過去，開始重新塑造自己。

在投資金融公司第一副總裁的大辦公室裡。她用手指撫了撫栗色的頭髮，若有所思地望著窗外：「我以前從未這麼想過，現在我想，沒有失敗，就不會有今天的我。」

2．利用現有的條件

比爾是委員會主席，也是美國最早的黑人報紙《阿姆斯特丹新聞報》的總編輯。

他沒有朱維爾的那些優勢。他是黑人、兄弟姐妹共十三人。他今天的成功完全依賴於他個人的智慧，他早日的夢想就是到紐約當一名作家，托馬斯·伍爾夫是他心目中的英雄。

二十歲那年，比爾帶著全家的、以及那個小鎮的希望，隻身來到了紐約。大學畢業後，他向出版社、報社、雜誌社申請工作，都碰了一鼻子灰。最後，他降低標準，想在餐館裡找份工作，但仍然沒有著落。他什麼工作也找不到，只好流落街頭。憂傷之餘，他想到了托馬斯•伍爾夫：像伍爾夫一樣，比爾也「難返故里」。

為了活下去，他開始偷東西吃，也開始恨自己。一天，他在食品雜貨店偷水果時，被老板莫里斯當場捉住。他大吼大叫：「你想抓我坐牢嗎？來吧！沒錯，我是小偷！我是小偷！」莫里斯卻溫和地說：「星期二，你偷了一根香蕉和一個麵包；星期三，你偷了一大包香腸；今天偷的是水果。」顯然，他已做了記錄。

「你不是小偷，你只是需要一份工作。」莫斯里叫他寫一份商店貨物的清單，起身塞給他一串鑰匙，讓他寫完後把門鎖上。

比爾幹了一通宵，第二天，莫里斯付給他五十美元。「去買點衣服，找個住的地方。」他說：「你該去洗個澡，請原諒我這麼說。」

比爾說自己是小偷，莫里斯卻說不是，這無形中給他貼上了新的標簽，比爾改變了對自己的看法。

此時，「潛在失敗」的時期便開始了。他繼續在食品雜貨店工作，成了社區抗議團體的領袖。他不放過每一次的抗議遊行。彷彿大聲抗議能強迫別人聽到自己發泄的不滿：為什麼我不能實現當作家的夢想？這一直使他苦惱不堪。在別人眼裡，比爾是個成功者。他們會說：「像他這樣一個出身貧窮的黑人，這樣就蠻不錯了。」

然而，在比爾自己眼裡，他卻是個失敗者。

民權運動的失敗、個人的失意，使他腦中積壓已久的怒火終於爆發了。一次，在公共汽車上，他聽見有人叫他「黑鬼」，他用雙手掐住那人的脖子，差點殺了他。但是，某種生存的本能使他鬆了手。比爾搖搖晃晃地下了車，決定離開美國。

買了一張單程車票，來到瑞典。他至今也弄不清為什麼會選擇瑞典，只是有人曾把他叫做「瑞典的青年作家」。

重新塑造自己需要外界的首肯。在探索的過程中，需要有人說：「是的，你就是這樣的人，我知道你是。」要想重新塑造自己，比爾需重新找一個環境。

在紐約，他不過是一個充滿幻想的黑人；他身無分文來到瑞典，聲稱自己是作家，人們也就這樣認真對待他了。

在那裡待了兩年，以記者為業，給報紙撰寫有關美國的長篇文章。過了一段時間，他也把自己看成是作家了，但他仍然只是個移居國外的作家。甘迺迪總統遇刺的消息猶如晴天霹靂。這提醒他，自己是個美國人。他心想，也許，你可以重返家園。於是他決定試試。回到紐約後，即使拿出瑞典的剪報，也沒人雇他為作家。他埋葬了這個夢想。他想，也許，成長就是這樣，得不斷作出讓步。

一九六六年，他在林賽（紐約市長）政府內找到一份工作，一直幹了十三年。要不是柯奇當選為市長，他本可以心滿意足地生活下去。因他曾經公開反對柯奇，柯奇就職不到一個月，他就被勒令滾蛋了。

當不成作家是一種潛在的失敗，而被市政府辭退則發生在眾目睽睽之下。比爾負債累累，走投無路，只得走訪朋友，那都是他曾經幫助過的朋友。他們請他吃昂貴的午餐，喝最好的葡萄酒，並堅持要他「保持聯繫」，但是，沒有一個人願意雇用他。

比爾最終意識到，自己就像北卡羅萊納可憐的黑孩子——只能靠自己。

比爾還有一個可以依賴的人，那就是他的妻子。

一九六六年，比爾娶了一個名叫蘇珊的白種女人。這件婚事曾遭到她家庭的強烈反對。她支持比爾，鼓勵他，讓他重新塑造自己。她這麼幫比爾是出自愛情，大衛幫朱維爾則是出自職業。她重新解釋了丈夫的失敗。比爾怯怯地提到了當作家的夢想，她說：「為什麼不呢？」他夢想成為美國的黑人領袖，她視此為一種職業選擇，並不認為是異想天開。他開始用新的眼光看待自己，功勞全在於她的信任。

分析了失敗的原因，便應重新看待自己。有的人可以自己邁出這一步，多數人則需要一個嚮導。蘇珊就是比爾的嚮導。

比爾斷定，這次失敗便是選擇明確目標的最佳時刻。他現在的目標是：接辦《阿姆斯特丹新聞報》。最棘手的是資金問題。對於失業的比爾，這一切都顯得那麼遙不可及。然而，比爾懂得如何利用現有的條件——他只能依靠現有的條件。

比爾和蘇珊給他們的財產立了一張清單。幾年前，他們曾買下一幢破爛房子，進行了翻修；在加拿大，他們還有一幢搖搖欲墜的農舍。他們只有這些東西，要利用的也就是這些東西了。「很久以前我就學會了，」比爾說，「只要有勤勞的雙手和健康的身體，你就能生存下去。」

他們要用房子創造資金，實現夢想。比爾首先把房子抵押了，用錢在斯坦頓另買了一棟房子。他將斯坦頓的房子進行裝修，用於出租。曾當過設計師的蘇珊來到加拿大，在農舍旁又添了房子，也用來出租。比爾同時也在為一個健康保險計劃當公關。目標首先是生存，其次是從不動產創造出足夠的資金，買下《阿姆斯特丹新聞報》的股份。比爾要利用現有的條件來達到目標。

比爾是在北卡羅萊納長大的，他最初了解黑人的歷史就是透過《阿姆斯特丹新聞報》，如今他已擁有了這家報紙。他的社論給報紙定下了調子。幾年前不願雇用他的那些入如今打電話來說：「我們吃午飯去吧——這麼久沒見面了。」比爾哈哈大笑，指名要到最昂貴的餐館。快要上甜點心時，他們言歸正傳，想求他幫忙。硬漢比爾俯身抓住他們的衣領說：「我需要你們的時候，你們在哪兒？你們……」他坐回椅子，喝完葡萄酒，感覺好極了。

在局外人的眼裡，重新塑造是輕而易舉的。他們只看見最終的結果——朱維爾，投資銀行家；比爾，出版商。然而，這個過程是極為複雜的。有的人像朱維爾那樣，一次便成功；有的人則像比爾，不得不多次塑造自己。

朱維爾身為投資銀行家，她找到了所需的一切，金錢和身分。比爾則將金錢與身分區分開來，將公關和不動產與出版商區分開來，它們的總和構成了滿意的整體。

他們都是成功的失敗者，都有能力適應環境的變化，都願意對自己的錯誤負責，都拒絕成為犧牲品。邱吉爾說：「成功，就是以不息的熱情，從失敗走向失敗。」

第三部

重新認識「成功」的定義？

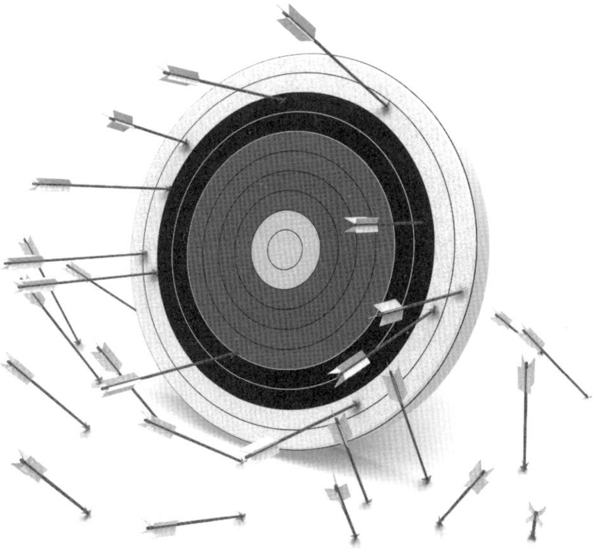

有個漁夫躺在緬因州河畔，懶洋洋地將魚線投入水中，優閒自在地釣著鮭魚，打發這漫長而充滿陽光的日子。鮭魚加上一點啤酒和自己做的三明治，就足以過上舒適宜人的一天。他正將一條魚拖上岸，身邊走來一位穿著講究的商人。「你難道不知道，」他問漁夫：「要是一次多放幾條線，就可以多釣很多魚？」

「要這麼多幹嘛？」漁夫問。

「瞧，要是魚很多，就能拿去賣，賺很多錢。」商人答道。「有了錢，就能買一艘大漁船，然後開家魚店。有了一家店，還可以開第二家、第三家，雇用很多人，最後還可以開鮮魚批發市場，將鮮魚運往全國。」對面的點點金光漸漸隱沒了，商人繼續編織著成功之夢，「你可以成為富豪。」他以勝利者的姿態作了總結。

漁夫喝了一口啤酒，臉上露出不解的神色：「那又怎樣？」他問商人。

「咳！那時候，你就有了世上所有的時間，想幹什麼就幹什麼。你可以躺著，無憂無慮，也可以去釣魚！」

漁夫抬頭望著他，笑著說：「但我現在就已經這樣了啊！」

幾年前，一位深受歡迎的電影明星經紀人到紐約艾倫家參加盛大的新年晚會。這位婦女出身於布魯克的一個貧窮家庭。她憑著勤奮、天才和熱情，當上了家喻戶曉的明星經紀人。除夕夜，她坐著小轎車、穿著金光閃閃的長裙來到這裡，身邊還有一位剛獲得奧斯卡金像獎提名的男演員。屋裡的每個人都熱情地問候她。她在賓客之間款款而行，腦中閃過一個念頭——我擁有了夢寐以求的一切。

夜半時分，她起身來到洗手間。她喝了很多香檳，感到有些暈眩。牆外飄來了晚會的聲音，她突然看到了鏡中的自己，莫名其妙地流下了眼淚。她已實現了一切夢想，卻感覺到前所未有的孤獨。

幾年後，她換了工作，搬到另一個城市，開始對自己的生活進行反省。談到那件事時，她說：「我那時相信，只要穿著金光閃閃的長裙，在眾人艷羨的目光中走下扶梯，我就能感到充實和滿足。我以為成功能使自己變得可愛。」

緬因州的漁夫和紐約的經紀人都懂得這樣一條真理：使我們滿足的，並非成功那令人目眩的外殼，而是一種內心的寧靜、一種永遠快樂的生活。

漁夫深知，不能以漁船的多少來論成功；同樣的，能幹的經紀人光華璀璨，但她明白，沒有自我價值，這一切便都是虛無飄渺的東西。

在一生中，也許你不必正視這種自我意識，尤其在你成功的時候。多數人都是匆匆忙忙地用財產、刺激、玩具和種種逃避的方式來填補這種空虛的。

失敗能使你猛醒，它剝奪了你的財產和地位，迫使你在深夜的洗手間裡面對自己。

真正的成功在於建立一種內在的自我價值感，自我評判你的工作和價值；在工作中尋找歡樂，勿以結局（金錢、名譽）為重。

真正的成功意味著一種痛苦的自審。

真正的成功者，是那些從失敗中吸取教訓的人。

II・精神之旅

佛洛依德說，人類的兩大衝動是工作和愛情。人們大多難以平衡二者。在感情生活中耗去太多的精力，勢必減少工作的欲望；全心投入工作，精神生活則所剩無幾。

關鍵在於兩大衝動必須平衡。我們必須自問：失去了工作，我是誰呢？

失敗迫使我們在白天正視自己的自我價值，多數人只願在夜深人靜之時，對此投去匆匆的一瞥。有的人認為，失敗後的調整就像是找新工作，簡單而流於表面。但是，對於真正的探索者，它意味看審視自己的精神世界，那是極深刻、極重要的。

1・羅布的旅程

身為電影製片人，羅布可謂是一帆風順。

一帆風順的時候，你往往會認為，自己永生永世都將成功下去，因為你比任何人都聰明、能幹，比任何人都有才華，你更有資格獲得獎賞。當然，這種奇思異想無非是出自真正的恐懼，但你極易忘記這點。成功的時候，你會喪失辨別能力。

羅布若是滿足於當製片人，也許他真會一帆風順。然而，他認為，當製片人還不能充分發揮他的才能和創造力。在好萊塢，真正的榮耀屬於導演。

他執導了一部片子，評論界眾說紛紜，票房很低。導演羅布可不像製片人羅布那樣受人歡迎了。失敗接二連三地向他襲來。

一年之內，電影砸鍋，朋友拋棄他，婚姻破裂。他從加利福尼亞逃到紐約，過起了隱姓埋名的生活。他瘋狂地尋找新的根基，傾家蕩產買下了一個套房。痛苦使他幹了這一切。「我完全垮了。」他說。

他坐在紐約的套房裡，陷入了冥想。面對生活與事業的殘骸，他決定偃旗息鼓。他。獲得了安寧。

「危機」的「機」和「機會」的「機」是同一個字——這種語言上的吻合相當明智。我開始將自己的危機視為是一種機會。一切錯誤彷彿都被搖垮了。危機使我心明眼亮。

對於羅布和那些有成就的人，關鍵是要控制局面。但是，失敗使他完全失控了。也許他沒有必要控制，也許他可以改變，也許改變了會更幸福。

他得回到洛杉磯，回到他失敗的地方。他懷揣著從未有過的謙卑感回去了。一切都重新開始，一種完全不同的自我意識支持著他。

他拋開面子，從低級的活開始幹起。

「我得倒退三步，才能前進四步。倒退雖然痛苦，卻必不可少。」

羅布最終還是重登好萊塢的頂峰，這一次，他既非製片人，亦非導演，而是電影公司的董事。

羅布知道自己是倖存者。

真正的教訓是對幸事的重新認識，它並非原來就屬於我。我珍惜現在發生的任何幸事，滿懷感激。

十年後的今天，我在管理一家電影公司。表面上，我只是重覆過去所做的，但內心的感覺卻大不相同。如果你將崩潰時期視作清除渣滓，那就不是損失了。生活是兩英里賽跑，跑完一英里時，你若有幸卸下所有多餘的行李，跑第二英里時就輕鬆多了。

羅布現在正是輕裝上陣。他的價值觀非常明確。也許，他會遇到更多的挫折，但他絕不低頭。在他看來，成功並不在於重新當上電影公司的總裁，而在於審視自己的生活這一過程。他將這一精神旅程視為最大的成功。

2．蒙娜的旅程

「不動產羅賓漢」所經歷的盛衰，在所有採訪對象中是最為「壯觀」的。事業垮台之前，蒙娜就暗示，她已失去了平衡。

一次，她和攝影家理查德和馬西公司的主任約好共進晚餐，然後去看芭蕾表演。她平時拚命工作，一直盼望出去消遣一個晚上，這是難得的享受。可是，當她坐在辦公室裡，穿著緊身晚禮服，處理著又一筆不動產生意時，她知道不能去看芭蕾舞表演了。怎麼能把工作交給屬下呢？出了岔子怎麼辦？何況，芭蕾舞哪有這筆生意帶勁呢？她對屬下說，出去一會兒就回來。她驅車來到飯店，理查德和馬西公司的主任正等著她。

她施展所有的魅力，對兩個男人說，她相信他們會理解她的，她得回辦公室工作。她描述了那位主任的反應：

他像情人一樣朝我大喊：「妳不能這樣對待自己，不能像這樣工作，那簡直是瘋了。」他的話震動了我。我沒有改變計劃，但這引起了我的注意。我發現，自己對工作之外的一切都視而不見。我對親愛的人們沒有強烈的感情。我以為，自己一心一意地工作，大家會理解，我想他們不會在意。我以為自己對他們沒有多大意義，因為他們對我並無多大意義。我認為自己別無選擇——我得繼續走向自己的成功之路。

最後，人們不再邀請她吃飯了，她說：「我的地平線越來越窄了。」她更陷入了工作之中。

她的商業世界崩潰時，她才真正地面對了自己。多少年來她曾拒絕的情感如今蜂擁而至。絕望之路是漫長而黑暗的。

蒙娜以為，只要自己的處事方式還行得通，自己便是堅不可摧的，成功便會接踵而至。成功不會要求我們面對自己，失敗卻會改變我們的世界觀。

> 我了解到，世界比我大。我曾對自己說：「妳能贏。」但現在，我發現自己不過是大機器上一個小小的零件。我自以為聰明，但機器朝山下俯衝時，我卻無力阻擋。我懂得自己是脆弱的，我承認這點，再也不想輸贏之事了。我承認自己只是個普通人。我再也使不上勁了，我只能默認這點。

謙卑、脆弱、承認「我不知道」。這些痛苦的步驟是我們審視自身的開始。

對於蒙娜，這種審視是可怕的。她看到的只有空虛。

> 我失去了房子、汽車、事業，失去了一切。最可怕的是，我發現自己一無所

有。我拚命苦幹，卻拋棄了自己的個性。沒有工作，我簡直不知道自己是誰！

蒙娜有幸找到了一位精神病醫生，他願意免費為她治療。他相信她會康復，到時候再付報酬也不遲。治療是漫長而困難的過程。

我試圖分析自己。我對自己說：「蒙娜是個女人，一個女商人，她對心理學感興趣。她會打網球。她自信，也害怕，脆弱。她幹得過頭了。」過去，作為女商人的蒙娜占據了其它所有的身分。我完全受女商人的擺布，失去了自己。

我對丈夫說：「你知道，如果我有個好朋友，如果我待她也像待自己一樣，她準會離我而去。」

此時，蒙娜的老朋友的確大多都離她而去了。某次，兩個年輕的朋友帶她去吃飯，她們不加思索地說：「我們各付各的帳吧。」自尊心使她不屑於回駁。她拿出二十一元，付了自己的一份。以後幾天，她就靠著吃土司過日子。

然而，這種苦行僧似的生活並不乏味。過去生活的種種裝飾似乎阻礙了她的道路，蒙蔽了她的雙眼，迷惑了她的頭腦。沒有這些裝飾，她會更加清醒，更富有同情心。她和外界的隔閡消除了。一天，她一時衝動，遲付了房租，用錢給鄰居的窮孩子買了馬戲團的票。

「窮的時候、我為別人花的錢竟然比有錢的時候還多。」她第一次體驗到他人的痛苦和歡樂。

某天，在經營管理課上，老師要她寫下自己的成功和失敗。這次練習成了她的轉折點。她向全班述說了自己的失敗。她意識到，隨著時間的流逝，失敗的痕逐漸漸消褪了，她畢竟倖存了下來。

蒙娜話音剛落，班裡一個年輕人站了起來。他說，蒙娜的故事使他意識到，他自己不願冒險，他那毫無瑕疵的成功本身就是失敗——他選擇的是沒有風險的道路。他轉向蒙娜，充滿敬意地說：「我希望能像妳一樣。」

聽了他的那句話，我好似看到了一線陽光。我的確失敗了，但我從不懼怕冒險。我雄心勃勃，根本無瑕顧及是否擔了風險。我想，就在那個時刻，我開始原諒了自己。

蒙娜原諒了自己，申請破產註冊。她告別了過去。

她開始學習東方哲學，尋找指導原則，以期達到更加和諧與平衡。經過幾個月的學習和治療，她建立起了一種人生觀。

我發展了一種「高層次的自我」，我稱之為自己的「證人」。這近乎佛教或禪的思想，負責監督我。害怕之時，利欲薰心之時，「證人」便會說：「蒙娜，瞧妳在幹些什麼，妳的部分已占據了妳的全部。」

蒙娜的一生，精神的變化勝於物質的變化。失敗迫使她自問：在這個世界上，她在幹些什麼？她開始懷疑自己的成功。

我原以為可以用金錢來充實自己，但我從來就不是完整的人。」

蒙娜又開始做起了不動產生意。她的職業沒變，方式卻變了。

過去，誰有錢，我就跟誰做生意，但我更喜歡與正派人士做生意。我不信任那些只憑貪欲行事的人，我更喜歡多才多藝的人。對我來說，關鍵在於賺錢、不失舒適的生活，以及做生意時做出道德的決定。

蒙娜對成功有了全新的解釋——

「成功在於和高層次的自我保持聯繫，過一種完整而平衡的生活。」

失敗後的精神之旅是人一生中最重要的旅程。精神之旅將賦予你一身鎧甲，使你戰無不勝。儘管痛苦、艱難，但帶給你的卻是真正的勝利。

12・改變衡量標準

成就、金錢、獲勝、得到他人肯定——這些便是美國式的成功。這種衡量標準的依據是比賽的結果，而不是質量。

真正的成功恰與此相反。它在於不論成就大小，都要了解自己、喜愛自己。衡量的標準不是金錢，而是自足。評判者是自己，不是別人。最重要的是，成功就是享受遊戲本身，結果是無關緊要的。

善於和失敗打交道的人，關心的是過程，而不是結果。在他們看來，真正的快樂在於工作本身。

如果你堅持這種態度，失敗就不那麼可怕了。

1．勝利就是一切嗎？

律師柯文的失敗是慘重的。他代表一批信託財產的所有人，和本州最大的銀行打了七年官司，結果以失敗告終。

此案提交他所在的法律公司時，沒人願意碰它。沒有一位名律師願意和強大的銀行作對。而柯文認為，這是信託財產所有人受到了欺騙，於是主動接受了此案。

他反覆自問：為什麼？當然不是為了錢。他把七年的時間賭在一位法官的裁決上。贏了能得很多錢，輸了可就分文也拿不到。他奮鬥了七年，法律公司給他的薪水比一個新手的還低，他還得養活妻子和孩子。他不斷問自己：為什麼要冒險？

回答是，柯文雖有成功的外表，內心卻是個潛在的失敗者。一個人無論得到多少金錢和讚賞，只要不能從簡單的日常工作中找到快樂，就永遠是潛在的失敗者。對柯文來說，工作無關緊要。他不僅相信此案非常重要，而且從中看到了一個認識自己工作方式的機會。

處理這類案件需要組織一支隊伍，但他先後遭到二十二家法律公司的拒絕。有的說這種付酬方式太冒險，有的則明確表示不想得罪大銀行家。於是，柯文不得不建立一支不同的隊伍。

他母親建議他去找退休律師，他們沒有資金流動的問題，也不必為將來擔心。柯文的第一位隊員就是一個七十六歲高齡的退休律師。

他們組成了一個團結的集體，在經濟上和感情上都付出了巨大的犧牲。其間柯文的妻子得了癌症，他的精神負擔很重。

一九八五年一月二十三日，在他滿懷信心離開法院的兩個月後，柯文聽到了判決。麻木、震驚、沮喪。他只有一個念頭：要輸得體面。然而，失敗畢竟是失敗。每個人失敗後都要經歷失敗、承擔失敗，柯文也不例外。

由於他對工作的態度和對自己的認識以柯文從未覺得自己是個失敗者，這是最重要的。震驚之餘，他說：「我不後悔，我不得不那麼做，再來一次，我還會如此。」工作本身的正義感支持著他。

按照成功的傳統解釋，獲勝就是一切，失敗無異於死亡。如果柯文也持那種想法，就活不下去了。然而，如果認為工作方式和對象比結果更重要，失敗就只能帶給你暫時的震驚，而不可能毀掉你。

2．工作支持著我

早在柯文之前，《第三帝國興亡史》的作者威廉也經歷了一次相似的失敗經驗。

威廉在八十二歲時，正在將他的一卷回憶錄改編成電視劇，還在寫劇本、學俄語。在麻塞諸塞州的勒努，人們經常看見這位鬚髮皆白的老人戴著藍色貝雷帽，匆匆地走向圖書館。

工作一向是他最大的熱愛。兩次巨大失敗都未能壓垮他，支持他的就是寫作。

二十八歲時，威廉負責《芝加哥論壇報》的維也納分社。他精通數國語言，跑遍了歐洲、印度和阿富汗，是著名的駐外記者，但他寫的一些報導激怒了這家報社的大老板麥克。一九三三年正值「大蕭條」期間，他遭到辭退。

我氣憤極了。我冒著生命危險到了亞洲，特別是阿富汗這樣一個危險之地，為他們寫報導。他們就這樣報答我。當然，幾年後，我已明白，當駐外記者就得拚命，麥克其實並不欠我什麼！

威廉和妻子來到西班牙，在一個漁村靠微薄的積蓄生活了一年。一九三七年，記者莫萊幫他進了哥倫比亞廣播公司的「歐洲之聲」電台。此後他們成了親密的朋友。他們滿懷信心，要把廣播建成新聞報導最重要的媒介。命運好像很照顧威廉。他不僅有了好朋友，還有一份迷人的工作。

戰後，威廉回到美國，「冷戰」期間再遭厄運。他被懷疑同情共產主義，因而丟了工作，收入從每週二千降到五十。

那些日子，我簡直不知該做什麼好。什麼也不管用。我告誡自己：「不要放棄生活，世界對每個人都是困苦之地，尤其對作家。」我閱讀了大量歷史著作，收益很大。一些歷史人物激勵著我：甘地一生就遇到過許多挫折，還有富蘭克林、普魯塔克。我開始明白，自己並不是第一個受難者。

從一九四七年被哥倫比亞公司辭退開始，威廉的黑暗日子一直延續了十二年，直到

《第三帝國興亡史》發表之時。那些年裡，他難以養家糊口，書幾乎賣不出去。外界沒有給予他絲毫的鼓勵，他是怎麼堅持下來的？

這在於你持什麼樣的價值觀。我從不奢望當新聞副總裁或什麼頭號人物。我的心願只是做一名好記者、好作家。精神生活對我才是最重要的。我看重工作本身的價值。

當時，人們都說他這本書賣不出去，但他自己充滿信心。結果，一萬二千五百本《第三帝國興亡史》第一天就被搶購一空。

3.「米高梅」的最佳清潔工

女演員南茜心目中最成功的人，是米高梅電影公司的一位老清潔工。

這位先生是最好最快活的人。他的活兒幹得又快又徹底。他每天一大早穿戴整齊，來到攝影場。他認識場裡所有的人。哪裡不乾淨，他都看得清清楚楚，立刻就會去打掃。一天工作結束時，你會看見他環顧四周，露出滿意的神色。這位清潔工以主人翁的姿態悉心照顧公司的每一條街道，並以此為傲。他的信條就是我一貫的信條——成功來自工作本身。

按照這個標準，「米高梅」的清潔工和南茜同是成功者。他們全心投入工作，為工作本身感到驕傲，一天結束時心滿意足。

你不能阻止失敗，因為無法控制結果，但過程是可以控制的。你可以學會以一極新的姿態投身工作，關心工作給予你的驕傲和歡樂，而不在乎結果。

13・學習者

班傑明・巴柏在羅特基大學教授政治科學。我們最近邀請巴柏教授談談關於劃分成功與失敗的意見。他說將劃分與失敗兩者呈對立面是較武斷的做法；但有一種分法很有趣，也許還比較準確。

我不把人分為弱者與強者，或者失敗者與成功者，甚至也不以性格內向、外向來劃分人。

我把人分為學習者和不學習者。

學習者眼觀四面、耳聽八方，做了蠢事善於吸取教訓。這次幹得有點起色，下次就會幹得更好更賣力。

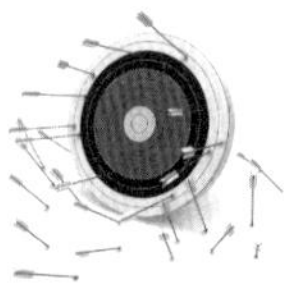

1．失敗的教訓

失敗的教訓是什麼？我們從痛苦和震驚中學到了什麼？我們學會了同情和謙卑。失敗是個偉大的平等主義者。

矽谷的前任總裁諾蘭一向孤傲清高。別人為房租擔憂，懷疑自己的能力，對未來沒有把握；諾蘭則不必有凡此種種的顧慮。然而，當一切結束的時候，他再也無法自視超凡脫俗了。很長一段時間，他待在書房裡，冥思苦想，終於一天早晨醒來，他低聲對自口說：「是的，諾蘭，你也是個凡人。」他從此變得極富同情心。

失敗迫使我們重新評估自己在宇宙中的地位。

我們學會了以一種新的態度對待冒險。對有些人來說，失敗更增強了他們的警惕性。多數人失敗後會更加勇敢，就像有人一輩子都害怕游泳，突然被人推下水，竟然發現他會游了。失敗的倖存者懂得，冒險並不那麼可怕。既然倖存了一次，為什麼不再試試看呢！

劇作家達利失敗後，如此描述著自己的心境：

我可能會失敗，但不會因為沒有嘗試就失敗……丁尼生第一個劇本就失敗得很慘重，而他說：「要不是這次失敗，我永遠也寫不成《玻璃動物園》」。

達利問自己，還會發生什麼更糟的事呢？失敗的滋味已經嘗過了。他不怕失去什麼，因為他一無所有，而通過冒險，他可以得到一切。

正如導演彼得所說：「失敗者有兩種：被動的失敗者不敢冒險；只有主動的失敗者才是高尚的人。」

我們重新安排生活。失敗促使我們問一些以前絕不敢問的問題。我們的工作有意義嗎？我們感到滿足嗎？我們生活美滿嗎？我們被成功的欲望吞噬了嗎？我們生活中的平衡點在哪裡？

許多埋葬在成功中的問題，都被失敗挖掘出來。失敗促使我們反省。我們也許仍會沿著老路走下去，但我們不能再盲目了。失敗標誌著一個轉折點。

轉折往往意味著尋找別的支柱，尋找力量與平衡的新源泉，有的人皈依宗教，多數人則轉向閱讀、藝術、運動及其它嗜好。這些人不再受工作的束縛。正如羅布所說，失敗使人心明眼亮。

2．我們會獲得了力量

當你失去了金錢、自尊和他人的尊敬時，力量何在？

——你有心智的力量。

——你有思考和改正錯誤的力量。

——你有重新解釋的樂觀力量。

——你有選擇的權力，所以有轉變的力量。

——你有重新塑造自己的力量。

——你有宣布自己是評判官的力量；你有寬恕自己的力量。

失敗也許會使我們變得軟弱無力；但如果你拒絕做犧牲品，如果你對自己的生活負責，如果你自己可以改變一切，就不會顯得無精打采，別人也就會把你看成強者。

幾年前，有人問史坦．貝克對《等待果陀》的失敗作何感想時，這位二十世紀的著名劇作家說：「別為我擔心——失敗的新鮮空氣，我呼吸過不只一次了。」

貝克知道，自己是倖存者，也唯有這種認識最能增強你的自信心。

〈全書終〉

國家圖書館出版品預行編目資料

重塑自己的力量／卡羅 ‧ 海渥特、琳達 合著
-- 初版 -- 新北市：新潮社，2018.10
面； 公分
ISBN 978-986-316-722-8（平裝）
1. 成功法

177.2 107013937

重塑自己的力量

卡羅 ‧ 海渥特、琳達／合著

出 版 人　翁天培
企　　劃　天蠍座文創製作
出　　版　新潮社文化事業有限公司
電話：(02) 8666-5711
傳真：(02) 8666-5833
E-mail：service@xcsbook.com.tw

印前作業　東豪印刷事業有限公司
印刷作業　福霖印刷有限公司

總 經 銷　創智文化有限公司
新北市土城區忠承路 89 號 6F（永寧科技園區）
電話：(02) 2268-3489
傳真：(02) 2269-6560

初　　版　2019 年 04 月